ファンダメンタル英語学演習
Fundamental Seminar in English Linguistics

中島平三
Heizo Nakajima

ひつじ書房

はしがき

　本書は、おもに英語の構文の交替と動詞の意味の関係を題材にして、英語やことばを研究する際の問題発見とその解決の方法を学ぶことを目指して書かれている。

　構文の交替というのは、ほぼ同じ意味内容を表すのに、異なった構文が用いられるような現象のことを指す。その中には、能動文と受動文の交替や、二重目的語構文と to 前置詞句構文(与格構文)の交替、自動詞構文と他動詞構文の交替など、これまで中学や高校の英語の授業で学んできたなじみの深いものも含まれている。

　これらの構文を授業で学んだ時に、同じ意味内容が異なった構文で表現されることに不思議さを感じた人もいたことであろうし、腑に落ちない点や気がかりな疑問を抱いた人もいたことであろうし、似たような意味の動詞でありながら交替ができる場合とできない場合があることに頭を抱えた人もいたことであろう。本書では、こうした構文の交替に関連した問題をテーマとして取り上げ、それらに答えを提供すると同時に、問題の所在を見つけ出し、答えを探るための考え方を学んでいく。

　本書は6つの章から構成されている。第1章では、文に現れる要素の呼び方(用語)を整理しておく。第2章では、自動詞が意味(特に、第1章の用語の一種である意味役割)に基づいて2種類に分かれることを見る。第3章では、能動文から受動文への交替の可否を説明する上で、第2章の自動詞の分類と同様な分類が重要な役割を果たすことを見る。第4章では場所句交替、第5章では与格交替と呼ばれる構文の交替を見る。これらの構文の交替でも、その可否を説明する上で動詞の意味が重要な役割を果たすことを

明らかにする。最後の第 6 章では、自動詞と他動詞の交替を取り上げ、第 2 章の自動詞の分類が自他動詞の交替の可能性を決める上でも大きな役割を果たしていることを見る。

　各章の冒頭では、多くの人が抱くだろうと思われる疑問や不思議をその章のテーマとして取り上げ、本文ではそれらの疑問を中心にして答えを探っていく。疑問や設問に対する答え(さらに重要な要点)は、本文中に太字で示されている。説明で中心的な役割を演じるのは、上でも触れたように、動詞の意味およびそれに基づくグループ分け、理論的枠組みでいえば語彙的意味論である。グループ分けを行う際に、いろいろな研究者による研究成果や概念が活用されている。説明は平明にして専門的にならないように努めているが、内容的にはかなり高度なレベルのことも扱われている。

　本文中では、読み進み易いように、専門用語に原語(英綴り)を添えることを控えている。代わりに、各章の終わりで、その章に登場した重要な用語を取り上げ、それらに原語の綴りを添えてある。また冒頭で提示したテーマについての解答や要点を四角枠内にまとめてある。各自で、その章で扱われた用語や問題点、課題などが理解できているか、定着しているかなどを確認する上で、役立てていただきたい。さらに章末には、復習、確認、発展などを兼ねた練習問題が用意されている。宿題として提出できるように切り取り式の提出用シートをつけた。

　分量は、半期(半年)で完了できるように、コンパクトに抑えてある。通年の授業で使用するのであれば、1 つの章が終わった時点で、その章に関連した英語で書かれた文献を読むことをお奨めする。巻末の「参考文献」に、本書の内容と深く関わる英語の文献を何点か挙げてある。本書で基礎固めができていることであろうから、英語の文献でも比較的容易に読むことができ、内容の理解を深めるばかりではなく、英語の読解力を高めることもできるであろうと期待する。

　問題の発見と解決の試みは、ことばの研究に限らず、日常生活の中でも無意識のうちに行なっていることであり、また社会人として社会に出てさまざ

まな困難や課題に直面した時に行わなければならないことである。そうした問題の発見と解決の思考法が、英語の構文を題材にした本書から、少しでも培われれば何よりも幸いである。不備や誤謬、誤植などについては、読者諸賢の叱責を俟ちたい。

　原稿の段階で丁寧に読んでいただき、内容や表現について貴重な示唆や助言を寄せて下さった瀬田幸人・岡山大学教授、行田勇・大妻女子大学准教授、田子内健介・埼玉大学准教授に厚く御礼を申し上げる。同僚の高見健一・学習院大学教授にも入念に原稿を読んでいただき、問題点や反例などを御指摘いただいた。それらのうちのあるものは本文にも取り入れられている。また本書の刊行を熱心に勧めて下さり、辛抱強く刊行を待って下さった松本功・ひつじ書房社長、編集作業を円滑に進めて下さった海老澤絵莉さんにも御礼を申し上げる。

平成 23 年 2 月

著者　中島平三

《3 刷に当たって》
　2 刷では、誤植を可能な限り訂正したが、今回 3 刷を刊行するに当たり、説明が理解しやすくなるように随所で言い回しや表現を幾分改めることにした。また 5 章で「受け渡されるモノ」の 1 つの種類として「搬送物」という用語を用いていたが、より適切な「移送物」に改めた。皆様からの一層のご叱正を戴ければ幸いである。

令和 2 年 4 月 20 日

著者　中島平三

目次

はしがき　　　　　　　　　　　　　　　　　　　　　　　iii

第 1 章　動詞と文の要素　　　　　　　　　　　　　1

　1　動詞と文の必須要素　　　　　　　　　　　　　　2
　2　動詞の「手」　　　　　　　　　　　　　　　　　4
　3　用語を整理する　　　　　　　　　　　　　　　　5
　4　文型分け　　　　　　　　　　　　　　　　　　　7
　《第 1 章　練習問題》　　　　　　　　　　　　　　12

第 2 章　2 種類の自動詞　　　　　　　　　　　　15

　1　表層主語と真性主語　　　　　　　　　　　　　17
　2　スル動詞とナル動詞　　　　　　　　　　　　　20
　3　ナル動詞は外項を欠く　　　　　　　　　　　　23
　4　表層主語が元々目的語の位置にあるとする証拠　24
　5　ナル動詞が外項を欠いているとする証拠　　　　27
　《第 2 章　練習問題》　　　　　　　　　　　　　　32

第 3 章　能動文と受動文の交替　　　　　　　　35

　1　受動化できない他動詞　　　　　　　　　　　　36
　2　意味役割に基づく説明　　　　　　　　　　　　38
　3　受動化にとって外項が重要　　　　　　　　　　39

4　受動化できない他動詞を再訪　　　　　　　　　　43
　　5　受動文の主語は元来の目的語だけ　　　　　　　　49
　　6　外項と意味　　　　　　　　　　　　　　　　　　51
　《第3章　練習問題》　　　　　　　　　　　　　　　　54

第4章　場所句交替　　　　　　　　　　　　　　　　　57

　　1　場所句交替の条件　　　　　　　　　　　　　　　58
　　2　モノ目的語構文のみを取る動詞　　　　　　　　　60
　　3　場所目的語構文のみを取る動詞　　　　　　　　　61
　　4　モノ目的語構文と場所目的語構文の意味の相違　　62
　　5　なぜ2種類の構文が存在するのか　　　　　　　　65
　《第4章　練習問題》　　　　　　　　　　　　　　　　70

第5章　与格交替　　　　　　　　　　　　　　　　　73

　　1　なぜ2つの名詞句が動詞に続くのか　　　　　　　74
　　2　二重目的語構文の条件　　　　　　　　　　　　　76
　　3　二重目的語構文と与格構文は同じ意味であるのか　79
　　4　二重目的語構文を取るラテン語系動詞　　　　　　84
　《第5章　練習問題》　　　　　　　　　　　　　　　　87

第6章　自動詞・他動詞の交替　　　　　　　　　　　89

　　1　どのような動詞が自他動詞交替できるのか　　　　90
　　2　他動詞用法を持たないナル動詞　　　　　　　　　93
　　3　スル動詞は他動詞になれない　　　　　　　　　　95
　　4　自動詞を持たない他動詞　　　　　　　　　　　　98

5 「手段」を取る構文の自他交替 100
6 場所句交替構文の自他交替 102
《第6章　練習問題》 107

参考文献 109

INDEX 111

第 1 章　動詞と文の要素

【テーマ 1】
文は動詞を中心にして組み立てられる、と考えられる。なぜだろうか。

【テーマ 2】
(1)の4文は異なる「文型」に属している。文型は、何に基づいて決まってくるのだろうか。

(1) a.　The workers loaded the boxes onto the truck.
　　　b.　The woman told her boss the serious issue.
　　　c.　The boy kicked the ball.
　　　d.　The man worked.

【テーマ 3】
次の(2)は、上記(1b)と同じ文型とも異なる文型とも見なせる。どのような点で類似しており、どのような点で相違しているのだろうか。

(2)　The woman told her boss that the immigrants possessed drugs.

本章では、次章以降の基礎固めとして、英語の基本的な文の仕組みと文に現れる要素の呼び方(用語)について整理しておこう。本書の各章に現れる用語や術語の原語(英綴り)については、章末の「本章で登場した用語と原語」にまとめてある。

✂1　動詞と文の必須要素

　どの言語でも、1つの文は動詞を中心に組み立てられている。というのは、**動詞が決まれば、その意味からして、どのような要素が、いくつ必要であるかが決まってくる**からである。英語では、上記(1)(2)の例文からも明らかなように、どの文でも、主語が必須であり、文の最初に現れ、その直後に動詞が生じる。動詞の後ろにどのような要素がいくつ続くかということは、動詞の意味によって異なる。

　例えば(1a)のload(積み込む)であれば、その意味からして、積むモノと、積む場所(より正確には、積むという行為の結果モノがたどり着く「到達点」)が必要である。(1b)のtell(話す)であれば、話す相手と、話す内容が必要である。(1c)のkick(蹴る)であれば、蹴るモノが必要である。(1d)のwork(働く)であれば、それだけで十分である。これらの動詞の主語はいずれも、積むとか、蹴る、働くという行為を行う人——「行為者」という——である。

　動詞に続く必須要素(動詞にとって不可欠な要素)は、通常多くても2つまでである。どの動詞にとっても主語が必須であるのだから、動詞が必要とする要素の数は、大方、全部で1つから3つの範囲内ということになる。(1)の例文で確かめてみよう。

　上で、動詞と一緒に現れる要素を、行為者、モノ、場所、到達点、相手、内容などという用語で呼んだ。これらの用語(概念)は、動詞と一緒に現れる要素が動詞に対して果たす意味的な役割を表しているので、**意味役割**と呼ぶ。動詞自体にも意味役割を与えるとすれば、loadやtellはいずれも行為や

動作を表しているので、「動作」という意味役割を担っている（動詞の中でも、know（知っている）、like（好きだ）、resemble（似ている）などは、動作ではなく「状態」を表していることを考えれば、明らかであろう）。

なお、モノのことを、専門用語では「主題」と呼ぶことがあるが、主題というと通常「主要な題目」を思い浮かべることであろう。意味役割で意図していることとややかけ離れていると思われる名称なので、分かりやすい「モノ」という名称を用いていくことにする。また意味役割のことを、「主題」に関係付けて「主題役割」と呼ぶこともある。

それぞれの意味役割は、動詞、名詞句、前置詞句、節などといった語句の形式で現れる。こうした語句の形式を、**統語範疇**という。なじみのある動詞、名詞、前置詞などといった「品詞」も統語範疇の名称である。

意味役割と統語範疇の間には、ある程度の相関性が成り立っている。通常、意味役割が行為者やモノであれば統語範疇は名詞句、場所や到達点であれば前置詞句、相手であれば名詞句または前置詞句、内容であれば名詞句または節として現れる。(1a)では動詞に続く意味役割がモノと到達点であり、名詞句(the boxes)と前置詞句(onto the truck)という統語範疇で現れている。(1b)では話す相手と内容であり、名詞句が2つ(her boss と the serious issue)続いている。一方(2)では話す内容が、名詞句ではなく節(that ... drugs)という統語範疇で現れている。いずれの場合も主語は行為者なので、名詞句(the workers など)という統語範疇で現れている。(1c)(1d)に現れている要素についても意味役割と統語範疇の関係を、各自確かめてみよう。

動詞と一緒に生じる必須要素の**統語範疇の種類は、名詞句、前置詞句、節のほぼ3種類に限られる**（分析の仕方によっては、さらに形容詞句が加わることもある）。

動詞に続く必須要素は、例えば(1a)の load という動詞だけでは不十分なので、それを補う働きをしている。つまり The man loaded で終わったら尻切れトンボの感じなので、積むモノとそれが移動していく到達点を補わなくてはならない。そこで、動詞に続く部分を、動詞の不完全さを補う部分とい

う意味で、**補部**と呼ぶことにしよう。動詞に続く個々の名詞句とか前置詞句のことを補部ということも、それらをまとめて補部ということもある。

　動詞とそれに続く補部が一緒になって、動詞を中心とした句、すなわち動詞句という大きめの統語範疇を作る。例えば(1a)では、動詞 load とそれに続く補部 the boxes と onto the truck が一緒になって動詞句を構成する。動詞句は、文の中で、おなじみの「述部」という働きをしている。別な言い方をすれば、動詞句は主語に対して述部という文法上の関係を結んでいる。逆に、動詞に先行する名詞句は、述部に対して主語という文法上の関係を結んでいる。主語とか述部という関係を**文法関係**という。上で見た補部も、動詞に対する文法関係の一種である。学校文法で学んだ目的語や補語という用語は、補部の動詞に対する文法関係を分かりやすく表したものである。目的語であっても補語であっても、動詞の不完全さを補う部分なので、ともに補部であることに変わりがない。目的語も補部の一種であるのだが、説明の必要に応じて、動詞の直後の名詞句からなる補部を目的語という用語で呼ぶこともある。

　意味役割は、文法関係とも相関している。特に、**行為者は主語として現れ、モノは目的語として現れる**。他の意味役割に関しても、動詞が何であるかに関わりなく、文法関係が一定しているとする考え方もある。

✂2　動詞の「手」

　動詞が、いくつかの要素と結合して1つの文を構成するというのは、中学や高校の化学で習った、ある元素が他のいくつかの元素と結びついてより大きな化合物を作るというのに、どこか似ていないだろうか。例えば、水という化合物 H_2O は、水素 H という元素と酸素 O という元素が結びついてできている。それぞれの元素には結合のための「手」がある。水素の手は1本、酸素の手は2本なので、2つの水素(H_2)と1つの酸素(O)が結合して、化合物 H_2O ができるのである。元素と同じように、動詞にも結合のための

「手」があると考えてみることができる。動詞が主語と補部1つを必要としていれば、その動詞は手を2本持っており、動詞と2つの要素(主語と1つの補部)が結びついて文を作る。動詞が主語と2つの補部を必要としていれば、手を3本持っており、動詞と3つの要素(主語と2つの補部)が結びついて文を作る。補部を必要としなければ、動詞の手は、主語と結ぶための1本だけである。**動詞の手の数は、動詞の意味に基づいて、それぞれの動詞ごとに決まっている。**

　ことばの論理を研究する論理学では、動詞のことを述語、また動詞の持つ「手」によって結びつけられる相手のことを、あまり聞き慣れないが、項という。load や tell などは手が3本あるので、3つの項と結びつく述語、すなわち3項述語という。同様に、kick などは手が2本あるので2項述語、work などは手が1本なので1項述語という。主語はどの動詞にとっても必須であり、補部は最多で2つであるので、**動詞の取る項の数は通常、最少で1つ、最多で3つまでである。**

　項の中でも、動詞句あるいは述部の内部にあるもの——すなわち、補部——を**内項**、その外にあるもの——すなわち、主語——を**外項**と呼んで、区別することがある。

✣3　用語を整理する

　やれやれ、簡単な文を構成している要素を呼ぶのにいろいろな呼び方があり、頭がパンクしそうかもしれない。しかし1人の人間の呼び方として、いろいろな名称があることを思い出してみよう。私は通常、職場の同僚からは「中島さん」と呼ばれ、学生からは「先生」とか「中島先生」と呼ばれ(学生同士では、おそらくもっと違った名称で呼ばれているのかもしれない)、家庭では「お父さん」と呼ばれる。相手との関係が変わると、呼び方(名称)も変わってくる。異なった用語は、文の組立ての異なる側面を説明する上でそれぞれ必要なので、これまで出てきた名称の用語をよく整理しておこう。

(3)　　　　　　　　The man　　loaded　　the boxes　　onto the truck.
　　項　　　　　　　外項　　　　述語　　　内項　　　　内項
　　意味役割　　　　行為者　　　動作　　　モノ　　　　到達点
　　統語範疇　　　　名詞句　　　動詞　　　名詞句　　　前置詞句
　　　　　　　　　　　　　　　　　　動詞句

　　文法関係　　　　主語　　　　述語　　　補部　　　　補部
　　　　　　　　　　　　　　　　　　述部

　最上段の「項」は、動詞の取る項目(すなわち、要素)を内項と外項に分類する。この内項と外項の概念は、この後に述べる文型分けに重要な役割を果たすことになるが、この点に関しては次の第2章で触れる。2段目は、それぞれの項および述語が果たす「意味役割」。項の数もその意味役割も、動詞の意味との関係で決まってくる。本書では詳しく立ち入らないが、両者を合わせて「項構造」としてまとめることができる。3段目は、項が文の中で具現する「統語範疇」のこと。動詞と補部がまとまって動詞句という統語範疇を作る。最下段の「文法関係」は、それぞれの統語範疇が文の中で結んでいる関係を表している。統語範疇と文法関係を合わせて、文の「統語構造」としてまとめることもできる。

　上記(3)の文に現れているのは、動詞 load にとって必須な要素だけである。そのほかに、yesterday や、in the yard、carefully など、いわゆる副詞的な働きをしている要素を随意的に付け加えることができる。副詞の「副」は副次的という意味だが、このような副次的に付け加えられている随意要素を、**付加部**という。付加部は文法関係を表す用語であり、基本的に、どのような文にも付け加えることができる。

　これまでいくつかの意味役割が出てきたが、意味役割についても整理しておこう。

（4） 行為者：意図的に行為や動作を行う人。
　　　モノ：(無意図的に)移動したり変化する事物。動作の対象となる事物。(「主題」と呼ぶこともある。)
　　　場所：移動や変化が起こる所。
　　　出発点：移動や変化の始まる場所・状態。
　　　到達点：移動や変化の終わる場所・状態。

これらのほかに「内容」と「相手」が出てきたが、「内容」はやり取りされる情報のことであり、「相手」はそれがたどり着く場所であるから、それぞれ移動する「モノ」と「到達点」と見ることができる。(4)に挙げたもの以外の意味役割については、必要な箇所で随時追加し、説明を加えていく。

4　文型分け

　文は、動詞にとっての必須要素の数や種類に基づいて、いくつかの文型に分けられる。ただ、必須要素の呼び方には、(3)でまとめたように、さまざまな用語がある。どの用語(概念)を分類の基準として用いるかによって、さまざまな文型の分け方があり、したがってどの基準を用いるかによって、ある文とある文が同じ文型と分類されることもあれば、異なった文型として分類されることにもなる。学校文法でおなじみの5文型も、5つという数が適切であるかどうかは別として、文型の一種である。S(主語)とかO(目的語)などは文法関係に当たり、またVは統語範疇に当たり、文法関係と統語範疇が混在している文型の分け方である。動詞 load を含む(1a)と tell を含む(1b)について、文法関係、統語範疇、意味役割という基準から、文型分けを比較してみよう。(5)では、文型分けの対象となる文の代わりに(文は上記(1a)(1b)を見ること)、その中心となる動詞が示されている。(5a)の「相手」「内容」という意味役割は、上述の通り、「到達点」「モノ」のより詳細な役割である。

（5）a. 意味役割に基づく文型
　　　　 load：行為者＋動作＋モノ＋到達点
　　　　 tell：行為者＋動作＋相手＋内容
　　b. 統語範疇に基づく文型
　　　　 load：名詞句＋動詞＋名詞句＋前置詞句
　　　　　　　　　　　　＿＿＿＿＿＿＿＿＿＿＿
　　　　　　　　　　　　　　　動詞句

　　　　 tell：名詞句＋動詞＋名詞句＋名詞句
　　　　　　　　　　　　＿＿＿＿＿＿＿＿＿＿
　　　　　　　　　　　　　　　動詞句

　　c. 文法関係に基づく文型
　　　　 load：主語＋述語＋補部＋補部
　　　　　　　　　　＿＿＿＿＿＿＿＿＿
　　　　　　　　　　　　　述部

　　　　 tell：主語＋述語＋補部＋補部
　　　　　　　　　　＿＿＿＿＿＿＿＿＿
　　　　　　　　　　　　　述部

　動詞 tell は、話す内容(文法関係でいうと、2番目の補部)として、(1b)のように名詞句を取ることも、(2)のように節を取ることもできる(それぞれ下記(6a)(6b)として再録)。(6a)と(6b)は、文法関係および意味役割に基づく文型分けでは同じであるが、統語範疇に基づく文型分けでは異なっている。

(6) a.　　　　　The woman　told　her boss　the serious issue.　（＝(1b)）
　　意味役割　　　行為者　　動作　　相手　　　内容
　　統語範疇　　　名詞句　　動詞　　名詞句　　名詞句
　　　　　　　　　　　　　　　＿＿＿＿＿＿＿＿＿＿＿＿＿＿
　　　　　　　　　　　　　　　　　　　動詞句

　　文法関係　　　主語　　　述語　　補部　　　補部
　　　　　　　　　　　　　　＿＿＿＿＿＿＿＿＿＿＿＿＿＿＿
　　　　　　　　　　　　　　　　　　述部

　b.　　　　　　The woman told her boss that the immigrants possessed drugs.（＝(2)）
　　意味役割　　　行為者　動作　相手　　　　　　内容
　　統語範疇　　　名詞句　動詞　名詞句　　　　　節
　　　　　　　　　　　　　＿＿＿＿＿＿＿＿＿＿＿＿＿＿＿＿＿
　　　　　　　　　　　　　　　　　　動詞句

　　文法関係　　　主語　　述語　補部　　　　　　補部
　　　　　　　　　　　　　＿＿＿＿＿＿＿＿＿＿＿＿＿＿＿＿＿
　　　　　　　　　　　　　　　　　　述部

　付加部（副詞的要素）は、どの文にも現れ得るので、文型分けに関わる要素とはならない。中学校で習った5文型でも、随意的な要素である副詞句や副詞節などには触れられていないことを思い出してみよう。

　(5)(6)の例からも、文の文型の分け方には、学校文法で学んだいわゆる5文型だけではなく、用いる基準によってさまざまな分け方があることが分かる。動詞の意味からして、どのような意味役割を担う要素を幾つ取るかが決まってくる。意味役割と、それが具現化する統語範疇との間には、一定の相関性がある。意味役割は、文法関係としての現れ方とも相関している。統語範疇と文法関係に基づいて文の統語構造が決まるのであるから、意味役割は文の統語構造の決定に大きく関わっていることになる。

本章で登場した用語と原語〈本文に当たり整理しておこう〉

文型　sentence pattern
意味役割　semantic role
（または主題役割　thematic role、または θ 役割　θ-role）
行為者　Agent
モノ（または主題）　Theme
場所　Location
出発点　Source
到達点　Goal
統語範疇　syntactic category
文法関係　grammatical relation
補部　complement
付加部　adjunct
項　argument
内項　internal argument
外項　external argument
項構造　argument structure
統語構造　syntactic structure

テーマの要点

【テーマ1】
文には必ず動詞が含まれており、動詞が決まると、どのような要素がいくつ必要であるかが決まる。

【テーマ2】
文型の分け方には、統語範疇、意味役割、文法関係、項に基づく分類法がある。意味役割と統語範疇、および意味役割と文法関係の間には一定

の相関性が成り立つ。
【テーマ3】
同じ動詞についての文型分類でも、分類の基準となる概念が異なると、異なった文型となることがある。

《第1章　練習問題》

1. (　　)の中に適当な数や語句を入れよ。
（1） 補部の数は、最少で(　　)個、最多で(　　)個である。
（2） 項の数は、最少で(　　)つ、最多で(　　)つである。
（3） 補部の統語範疇は、基本的に(　　)と(　　)と(　　)である。
（4） 英語では動詞が(　　)の後ろの位置に生じる。
（5） 意味役割の「内容」や「相手」は、(　　)や(　　)の一種であると考えられる。

2. 次の動詞の「手」は、多くの場合（一般的な用法の場合）、何本だろうか。
（1） see　　（2） provide　　（3） jog　　（4） look　　（5） know

3. 次の文に含まれる名詞句、前置詞句、動詞について、①統語範疇、②意味役割、③文法関係を示せ。
（1） The professor has studied language.
（2） The balloon rose into the sky.
（3） The lady rolled the cart to the exit.

4. 次の文は英語として正しい文であるが、本文で述べられていることから外れている。どのような点が外れているだろうか。
（1） Speaking on the stage is our headmaster.
（2） Into his office came several students.
（3） Keep quiet for a while.
（4） There are many insightful proposals in his book.
（5） Down with the dictator!

5. 次の斜字体の名詞句は「内容」(あるいは「モノ」)を表している。名詞句を節に代えて、文全体を書き変えよ。また、名詞句から節への統語範疇の変化以外にどのような変化が生じるであろうか。

（ 1 ） We were surprised at *his death*.

（ 2 ） I am aware of *his kindness*.

（ 3 ） He shouted for *their help*.

（ 4 ） She was afraid of *the illness*.

（ 5 ） I am pleased with *his support*.

6. 動詞 tell は、本文(1b)(下記(1a)として再録)のほかに、下記(1b)(1c)のような型を取ることができる。(1b)(1c)に含まれる名詞句、前置詞句、動詞について、①統語範疇、②意味役割、③文法関係を示せ。また、2つの補部は、本文中で述べられている意味役割と範疇の相関性、意味役割と文法関係の相関性に合致しているであろうか。

（ 1 ） a. The woman told her boss the serious issue.
　　　 b. The woman told the serious issue to her boss.
　　　 c. The woman told her boss about the serious issue.

第2章　2種類の自動詞

【テーマ1】
(1)の(a)と(b)では共に自動詞が用いられているが、第1章で見た文型分けの3つの基準からすると、同じだろうか。もし同じでないとすれば、どのような点で異なるだろうか。

(1) a.　Many girls danced into the street.
　　 b.　Many girls emerged onto the stage.

【テーマ2】
上記(1)の(a)と(b)は、存在文(There構文)への交替に関して、(b)は可能だが(a)は不可能である。なぜこのような相違が生じるのだろうか(*は非文法的であることを示す)。

(2) a.　*There danced many girls into the street.
　　 b.　There emerged many girls onto the stage.

【テーマ3】
第1章で見たように主語は一般に動詞の前に現れるが、(2b)では主語 many girls が動詞の後ろに現れている。なぜこのような「変則的な」語順になるのだろうか。

　第1章で、**文型**に分ける基準として、①文法関係、②統語範疇、③意味役割に基づく分け方があることを見た。これらの基準のうち、①の基準によると(1)の(a)も(b)も共に下記(3)の①のようになり、また②の基準によると共に下記②のようになる。

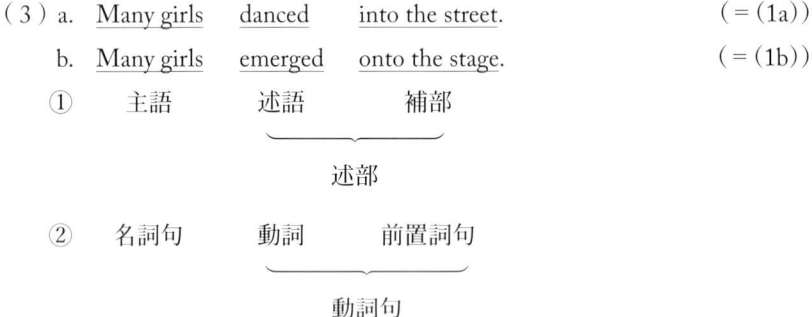

　どちらの文でも、自動詞の前に主語の名詞句と、後ろに補部の前置詞句が1つ現れており、①および②の基準からすると、まったく同じ文型である。
　ところが③の意味役割からすると、前置詞句の役割は共に到達点でありこの点で同じであるものの、主語の役割が異なっていることに気がつく。(3a)では、主語の少女たちが踊る(dance)には、自らの意志や内発的な力を使うことが必要である。前章の(4)で見た通り、意図的に行為を行う人の意味役割を、**行為者**という。一方(3b)では、今まで舞台にいなかったモノ(少女たち)が現れてきたという出現(存在の変化)を述べている。動詞 emerge の主

語として、girls の代わりに、funny machines でも dolls でも dogs でも、登場するモノであれば何でも構わない。(3a)の行為者のように、意図的に行為を行うわけではない。前章の(4)で、無意図的な移動や変化をする事物の意味役割を、モノと呼ぶことを見た。(3b)の girls は、人を表す名詞であるが、意味役割としてはモノの役割を果たしている。文型分けの基準として③の意味役割に基づくと、(1a)/(3a)、(1b)/(3b)は次のようになる。

(4) a. <u>Many girls</u>　<u>danced</u>　<u>into the street</u>.　　　(= (1a)/(3a))
　　　③　　行為者　　　動作　　　到達点
　　b. <u>Many girls</u>　<u>emerged</u>　<u>onto the stage</u>.　　(= (1b)/(3b))
　　　③　　モノ　　　　動作　　　到達点

なお、(4a)の動詞 dance は単に「踊る」という行為を表しているだけではなく、「踊りながら通りへ出て行く」という移動の様態(仕方)も表しており、それに続く前置詞句は移動の結果たどり着く到達点を表す、補部の動きをしている。これに対して、dance の後ろに on the street のような前置詞句が続いた場合には、その前置詞句は「踊る」という行為が行われる場所を表しており、付加部であると考えられる。動詞に続く前置詞句が補部であるか付加部であるかは、動詞が同じであってもその意味や用法によって異なってくる。

✂1　表層主語と真性主語

　こうした(4a)と(4b)における主語の意味役割の相違は、これらの主語の「元々の位置」に関しても相違させているものと考えられる。主語の名詞句 Many girls は、(4a)と(4b)のどちらにおいても、表面上は主語の位置(すなわち、動詞の前の位置)に生じているが、(4a)の行為者である主語と(4b)のモノである主語とは「元々の位置」が異なるのである。では、「元々の位置」とは一体何のことだろうか。

下記(5)(6)の break や sink のような動詞は、(a)のように他動詞としても、(b)のように自動詞としても用いることができる。他動詞用法の(a)では、主語の位置に行為者があり、目的語の位置にモノがある。一方自動詞用法の(b)では、(a)で目的語の位置にあったモノ(斜字体)が主語の位置に現れている。

（5） a.　The boy broke *the vase*.
　　　 b.　*The vase* broke.
（6） a.　The pirates sank *the boat* under the water.
　　　 b.　*The boat* sank under the water.

　(b)の主語として現れているモノ(斜字体)が「壊れる」「沈む」などといった事態に至るには、背後にその事態を引き起こす「誰か」がいる(または「何か」がある)ものと感じ取れる。(b)でも、(a)と同じように、事態を引き起こす何者かがおり、それが(b)では明示されていないのである(さらに詳しくは第6章を参照)。そうだとすると、自動詞の「元々の」構造——表面の背後にある深い(deep)構造という意味で、「D構造」と呼ぶ——では、行為者が明示されておらず、それが通常現れる位置(主語の位置)は空となっており、一方モノは他動詞の場合と同様に動詞の直後の位置にある、と考えてみることができる。動詞の直後に生じる名詞句を、他動詞・自動詞を問わずに、目的語と呼ぶとするならば、(7)ではモノが目的語の位置に現れていることになる。

　第1章の冒頭で触れたように、英語の文には必ず主語が必要なので、主語の位置を空のままにしておくわけにはいかない。そこで、モノが元々占めていた目的語の位置から空の主語の位置へ移動していく。自動詞のD構造を図式で示すと、次頁(7)のようになる。[　]は主語の位置が空であることを、矢印はモノが目的語の位置から主語の位置へ移動することを示している。

(7)　　　　〈主語の位置〉　　〈目的語の位置〉

　(5)(6)の(b)におけるモノを表す主語は、表面的には主語の位置にあるが、D構造の位置は目的語の位置であったのである。このように**元々は主語の位置にはなく、表面的に主語の位置にあるような主語を、表層主語**と呼ぶことにしよう。一方(a)の行為者を表す主語は、D構造の段階から主語の位置にあるので、生粋の主語、**真性主語**(しんせい)と呼ぶことにしよう。元々の位置を本籍、表面上の位置を現住所に例えるならば、(b)のモノを表す主語は本籍と現住所が異なるが、(a)の行為者を表す主語は本籍と現住所が一致している。

　第1章で、意味役割は統語範疇ばかりではなく、文法関係とも相関していることに触れた(4頁)。その文法関係とは、D構造における文法関係のことである。**D構造の段階で、行為者は主語の位置に現れ、モノは目的語の位置に現れる**のである。(5)(6)の他動詞用法(a)では、この相関性にしたがい、行為者が主語、モノが目的語の位置に現れている。自動詞用法の(b)でも、この相関性にしたがい、モノがD構造において目的語の位置に現れている。主語の位置を空にしておくことができないので、D構造で目的語の位置にあるモノが主語の位置へ移動していき表層主語となる。

　モノという意味役割はD構造において目的語という文法関係として生じるとなると、(5)(6)のような自他両用で用いられる動詞の自動詞用法の場合に限らず、もっぱら自動詞として用いられる動詞の場合にも、モノはまず目的語の位置に現れることになる。(8)の主語(斜体部)はモノの状態や存在を表しているので、これらの主語についても、(7)のプロセスに沿って、まず目的語の位置に現れ、それが主語の位置へ移動していき表層主語になったと考えられる。

(8) a. *Some students* remained on campus for more than 5 hours.
　　b. *A strange ship* appeared over the horizon.
　　c. *A big earthquake* happened in the mountain district.
　　d. *Language reforms* started in republics of the Russian Federation.

　これに対して、同じ自動詞を含む文でも、下記(9)のような文では主語が行為者を表している。行為者はD構造の段階から主語の位置に現れるのであるから、(9)の主語はいずれも、元々主語の位置を占めている真性主語である。

(9) a. *Some students* studied in the library for more than 5 hours.
　　b. *A strange man* cried for help.
　　c. *A lovely woman* swam in the river.

✂2　スル動詞とナル動詞

　ではどのような動詞が真性主語を取り、どのような動詞が表層主語を取るのであろうか。まず行為者を表す真性主語を取る自動詞の例を挙げると、(10)のようになる。これらの動詞は、行為者の意志、感情、生理的な力などを含めた**「内発的な力」**が行使されるような動作を表しているので、内発的に動作をする動詞、**スル動詞**と呼んでいくことにしよう。スル動詞は、専門用語で「非能格動詞」と呼ぶことがある。

(10) スル動詞
　　a. 運動行為：dance, go, listen, run, swim, walk, work, ...
　　b. 発声行為：cry, grumble(不平を言う), scream(金切り声をあげる), shout, talk, ...
　　c. 表情行為：laugh, sigh(ため息をつく), smile, ...
　　d. 生理現象：breathe, cough(咳をする), dream, sleep, sneeze(くしゃみをする), snore(いびきをかく), ...

　スル動詞は、基本的に、主語として行為者を取り、動詞によって表される動作を行為者自らがコントロールすることができる。したがって、行為者がその気であれば、原則的に際限なく続けることができ、中止しようと思えば中止することができる。(10d)の生理現象は、行為者の意志に基づく行為とは見なしにくいが、意志や感情と同様に行為者の内発的な力である身体的・生理的な力(呼吸、咳、睡眠など)に基づく現象である。さらに(10)には挙げられていないが、flash(光を放つ)、gleam(きらめく)、shine(光る)のような光の放出を表す動詞や、buzz(ブンブンいう)、roar(とどろく)、whistle(口笛を吹く)などのような音の放出を表す動詞も、(10d)の動詞と同様に意図性が見られないが、主語となる「放出者(物)」の内的な力に基づいて動詞の表す動作が生じるので、スル動詞に含めることがある。例えば、The candlelight gleams(ロウソクの炎がきらめく)では、ろうそくの炎に光を放出する力があり、その内発的な力に基づいて gleam という動作が行われる。

　一方、モノを表す表層主語を取る自動詞の例を挙げると、(11)のようになる。これらの動詞は、スル動詞のように、自らの意志や感情、生理的な力などの「内発的な力」の行使によって行われる行為を表しているのではない。むしろ、モノの存在・出没など存在の変化、動きに伴う位置・場所の変化、形状や物性の状態の変化、終始の推移など、**さまざまな次元での変化を表している**ので、変化を表す動詞、**ナル動詞**と呼んでいくことにしよう(exist、remain などは必ずしも存在の「変化」を表すわけではないが、(a)の

「存在変化」のグループに含めておく）。ナル動詞は、専門用語で「非対格動詞」と呼ぶことがある。

(11) ナル動詞
  a. 存在変化：appear, arise, arrive, emerge, exist, happen, occur, remain, .../ die, disappear, vanish（消える）, ...
  b. 位置変化：drop, fall, float, glide（すべる）, move, rise, roll（ころがる）, sink, slide（横すべりする）, .../ hang, sit, stand, ...
  c. 状態変化：break, collapse（つぶれる）, dry, freeze, grow, melt, open, shut, ...
  d. 終始変化：begin, end, start, stop, ...

(11b)の位置変化の動詞のうち、斜線より左側の動詞は、位置変化に伴う移動を表す。右側の動詞は、「掛っている」とか「座っている」などといった空間的な位置状態を表しているが、そうした位置状態になるには、そうではなかった位置状態からの変化を経ていることになるので、「位置変化」に含めてある。ただし、斜線右側の動詞は、主語として行為者を取り「座る」(He sat down)や「立ち上がる」(She stood up)のように動作を表す場合には、ナル動詞ではなくスル動詞である。

 (1a)のdanceと(1b)のemergeは、共に自動詞であるが、既に(4)で見た通り主語の意味役割が異なっており、その相違からして、異なる意味グループ——スル動詞とナル動詞——に属しており、その違いが主語の「元々の位置」の違いを引き起こしているのである。

 なお、スル動詞とナル動詞の区別が「内発的な力の行使」とか「変化」などといった意味に基づいて区別されているので、用法や文脈、修飾語句などによりこうした意味に変化が生じれば、スル動詞とナル動詞の区別も異なってくる。

 例えば、小石やコインが地面にrollする（ころがる）時は紛れもなくナル動

詞であるが、子供が楽しそうに床に roll する(寝ころがる)場合にはスル動詞として振る舞う。逆に、競技会で懸命に run するような時は紛れもなくスル動詞であるが、移動の仕方の素早い様子を run という動詞で表しているような場合——例えば、Ill news runs apace(悪事千里を走る)とか、The river runs straight to the sea(川は真っすぐ海へ流れて行く)など——には、ナル動詞として振る舞うことになる。また slide のような動詞は、The wheels slid on the ice(車輪が氷上で滑った)ではナル動詞、John slid into first base(ジョンが一塁ベースに滑り込んだ)ではスル動詞であるが、John slid on the ice(ジョンが氷上で滑った)では両方の可能性がある。beautifully とか pleasantly などのような意図的な振る舞いを表す修飾語が付けばスル動詞に傾くが、accidentally とか unintentionally のような偶然性を表す修飾語が付けばナル動詞に傾いてくる。さらに、前頁で触れた通り、(11b)の斜線右側の動詞は、状態を表す時はナル動詞であるが、意図的な動作を表す場合にはスル動詞である。He sat on the mat における sit は、ナル動詞として「座っていた」と解釈することも、スル動詞として「座った」と解釈することもできる。スル動詞とナル動詞の区別は必ずしも動詞ごとに固定的であるわけではない点に注意すべきである。

⌘3　ナル動詞は外項を欠く

第1章で見た内項、外項という用語を思い出してみよう。動詞の「手」で結ばれる相手(すなわち、動詞が求める必須要素)を項と呼び、項のうち動詞句(述部)の中にあるものを内項、その外にあるものを外項と呼んだ(さらに第3章で、意味役割の点から外項を検討する)。内項、外項の区別は、D 構造における区別であると仮定すると、(11)のナル動詞の主語は D 構造では目的語の位置にあるのだから、表層主語は外項ではなく、動詞句の中の内項ということになる。一方、(10)のようなスル動詞の主語は真性主語であり、D 構造でも主語の位置を占めているのであるから、外項である。**スル**

動詞は外項を持つが、ナル動詞は外項を持たないと言える。

　こうした項の種類の違いをD構造として図示すると、(10)のスル動詞については(12)のように、(11)のナル動詞については(13)のように、それぞれ表すことができる(VPは動詞句(Verb Phrase)、NPは名詞句(Noun Phrase)、PPは前置詞句(Prepositional Phrase)のこと)。前置詞句PPの意味役割が明示されずに点々となっているのは、到達点や場所など幾種類かの意味役割が起こりうるためである。

(12)　スル動詞／真性主語を取る動詞
　　　［NP 行為者］［VP 動詞 ［PP ……］］

(13)　ナル動詞／表層主語を取る動詞
　　　［　　　　］［VP 動詞 ［NP モノ］［PP ……］］

　注目すべき点は、(13)では、**モノを表す項が内項であり、外項を欠いている(空である)** ということである。英語では主語の位置が空のままではいられないので、目的語の位置にあるモノが主語の位置に移動していくのである((7)を参照)。

✂4　表層主語が元々目的語の位置にあるとする証拠

　では、ナル動詞の主語が元々目的語の位置にあるということを示す証拠はあるのだろうか。また、そのように仮定すると、どのような事実がうまく説明できるようになるのだろうか。

　まず、上記(2)で触れた **There構文** を思い出してみよう。(2b)のThere構文(There emerged many girls onto the stage)で使われている動詞emergeは、存在・出現の変化を表すナル動詞である。下記(14)に見る通り、(8)の他のナル動詞——特に存在変化や終始変化を表すナル動詞——もThere構

文に現れることができる。ナル動詞の中でも存在変化や終始変化を表す動詞に限られるのは、There 構文がモノの存在を断定(モノがあるということを言明)する構文であるからである。

(14) a. There remained *some students* on campus.
　　 b. There appeared *a strange ship* over the horizon.
　　 c. There happened *a big earthquake* in the mountain district.
　　 d. There started *language reforms* in republics of the Russian Federation.

(8)で主語であった斜字体の名詞句が、(14)の There 構文では動詞の直後(つまり、目的語の位置)に現れており、その後ろに前置詞句が続いている。この配列は(13)の D 構造で見た、ナル動詞の項の配列——すなわち、「動詞－モノ－前置詞句」の順——と同じである。外項を取らないので主語の位置(動詞の左側の位置)が空になっている。その位置に、特別な意味を有しない虚辞 there が挿入されると、(2b)や(14)の There 構文が出来上がる。There 構文において意味上の主語((14)の斜体部)が動詞の直後の位置(つまり、目的語の位置)に現れているという事実は、その D 構造における位置が動詞の直後の位置(目的語の位置)であることを説得的に示していると言えよう。
　これに対して、スル動詞は There 構文を取ることができない(下記(15)を参照)。主語の位置が元々真性主語(外項)で埋まっているので、虚辞 there の生じる余地がないからである。

(15) a. *There studied *some students* in the library.
　　 b. *There cried *a strange man* for help.
　　 c. *There swam *a lovely woman* in the river.

　次に、自動詞は通常目的語を取らないが、特殊な目的語ならば取ることができる。そのような特殊な目的語の1つとして、**同族目的語**が挙げられ

る。同族目的語というのは、動詞と同形またはそれと関係した派生形の名詞を含むような目的語(つまり、動詞と同族の目的語)のことである。例えば、動詞 sleep に、それと同形の名詞 sleep を含む a good sleep のような名詞句が続く場合の目的語のことを指す。次の同族目的語を含む文を見てみよう。

(16) a. She dreamed a happy dream.
　　 b. He shrieked a terrible shriek.
　　 c. John ran a good run.
(17) a. *She appeared a beautiful appearance.
　　 b. *The train arrived a punctual arrival.
　　 c. *The meeting started a dramatic start.

　文法的な(16)に含まれている動詞はスル動詞であるのに対して、非文法的な(17)に含まれている動詞はナル動詞である。スル動詞は同族目的語を伴うことができるのに対して、ナル動詞はできないのであるが、これは次のように説明することができる。動詞がスル動詞の場合には、主語が真性主語であり元々主語の位置にあるので、目的語の位置が空いており、その位置に同族目的語が生じる余地がある。一方ナル動詞の場合には、主語が表層主語であり、D構造では目的語の位置にあるので、目的語の位置が塞がっているために、もはや同族目的語が生じる余地がない。

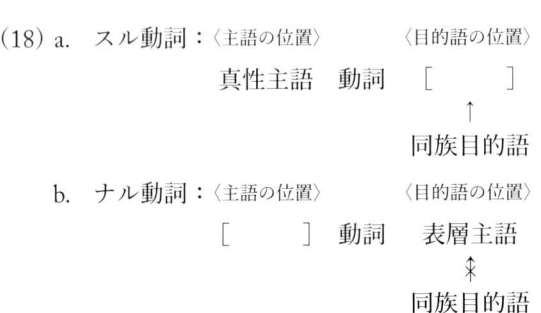

ナル動詞が同族目的語を取れないという事実も、表層主語が元々目的語の位置を占めていることを明確に示している。

なお、He died a miserable death(彼は惨めな死を遂げた)や The tree grew a century growth within only ten years(その木はたった10年間で100年分の成長を遂げた)では、同族目的語がナル動詞と共に現れているように見える(Kuno and Takami (2004))。しかしナル動詞と共に現れる同族目的語は、(16)で見たスル動詞と共に現れるものとは性質を異にしており、様態や程度を表している。同族「目的語」というよりも副詞的な働きをしている同族「副詞」と見ることができる。副詞であれば、ナル動詞の目的語の位置が表層主語で塞がっていても、付加部の位置に生じることができる。

✂5　ナル動詞が外項を欠いているとする証拠

今度はナル動詞が外項を欠いていることを示す証拠を見てみよう。まず、What the baby did was smile at the mother のような文を考えてみる。このような文は疑似分裂文といわれるが、これは、The baby smiled at the mother という1つの文が、be 動詞をはさんで前半部分 What the baby did と後半部分 smile at the mother に分裂されているからである。また疑似分裂文といわれるのは、It was the mother that the baby smiled at のような別の分裂文と区別するためである。特に what で始まる前半部分が主語と do から成る疑似分裂文を、**Do 疑似分裂文**と呼ぶことにしよう。

Do 疑似分裂文は、動詞がスル動詞の場合には可能だが(下記(19))、ナル動詞の場合には不可能である(下記(20))。

(19) a.　What the people did was dance during the carnival.
　　 b.　What the colleagues did was talk about the general election.
　　 c.　What the student wants to do is sleep like a baby round the clock.

(20) a. *What the sun did was rise above the horizon.
   b. *What the riot did was happen in the center of the city.
   c. *What the window did was break last night.

　Do 疑似分裂文では、be 動詞をはさんで、後半部分が動詞句というまとまりを成しており、前半部分には主語と本動詞 do を含む what 節が現れている。本動詞 do は、基本的に、(状態ではなく)動作を表しているので、Do 疑似分裂文は、動作を表す動詞のみが可能であると考えてみることができるかもしれない。だが、(20)に現れている rise、happen、break なども(状態ではなく)動作を表しているが、Do 疑似分裂文に生じることができない。逆に、know、love のような状態を表している動詞でも Do 疑似分裂文に現れることができる(例えば、What you need to do is know your weak areas)。Do 疑似分裂文の条件は、動詞の動作や状態などといった概念では捉えることができない。生起可能な動詞に共通し、かつ生起できない動詞には見られない特性として、外項を取るという点が挙げられる(詳しくは第 3 章を参照)。そうだとすると、(21)に図示したように、前半部分に do と共に現れているのは、単に主語ではなく外項であると考えられる。そのために、**Do 疑似分裂文に現れる動詞は、外項を持つ動詞に限られる**のである。

(21) ［What　外項　do］ is ［vp ..... ］

　(19)に例示したスル動詞は外項を持っているので Do 疑似分裂文を作れるが、(20)のナル動詞は外項を欠いているので作ることができない。
　次に、「～する人」「～する道具」などを表す **-er 名詞**について考えてみよう。washer ならば a person who washes または a machine for washing something とパラフレーズできることからも分かるように、接辞 -er は基本的に動作を行う人または道具を表す働きをしている。しかしながら -er は、上で触れた know や love のような動作ではなく心的状態を表す動詞にも付くこと

ができる(次章でも見るが、knower、lover などは *Oxford English Dictionary* のような大きな辞書で確認できる)。上述の Do 疑似分裂文の議論からすると、これらの動詞も外項を取る。したがって、-*er* 名詞の -*er* は、行為者や道具の具現化というよりも、外項が具現したものと考えることができる。**-*er* は外項を取る動詞にのみ付くことができる**のである。では自動詞のスル動詞とナル動詞の場合はどうであろうか。(22)に見る通りスル動詞は -*er* 名詞を作ることができるが、(23)に見るようにナル動詞は作ることができない。

(22) crier, dreamer, jogger, runner, shouter, sleeper, swimmer, talker, ...
(23) *appearer, *collapser, *dier, *exister, *happener, *occurrer, *ender(「終わるもの」の意味、「終わらせる人」の意味ならば可), *beginner(「始まるもの」の意味、「始める人、初心者」の意味ならば可), ...

(22)と(23)の対比は、スル動詞は外項を持っているがナル動詞は持っていないことを示している。

最後に、自動詞の**受動文**を考えて見よう。一般に受動文にすること(受動化)が可能なのは他動詞であるが、自動詞でも受動化できるものがある。自動詞のうちスル動詞ならば受動化できるのに対して(下記(24))、ナル動詞はできない(下記(25))。

(24) a. His advice should be listened to and taken seriously.
  b. This river can be easily swum across even by children.
  c. She was whispered to by her friend.
(25) a. *He was happened to by the car accident.
  b. *His book is existed in by many errors.
  c. *The floor was fallen on by the watch.

詳しくは第3章で見るが、受動化のプロセスの1つとして、主語の位置から外項を「退陣」させるという操作が含まれている。その操作が行なわれるためには、他動詞であれ自動詞であれ、外項を持っていることが条件となる。そうだとすると、(24)と(25)の対比も、スル動詞は外項を持っているのに対して、ナル動詞は外項を欠いていることを示している。

外項の有無――言い換えれば、ナル動詞とスル動詞の区別――が自動詞の受動化の可能性に大きく関わっていることは、意味が類似していながら、ナル動詞とスル動詞の区別および受動化の可能性の点で異なるような、動詞の対を比較してみると一層明らかになる。下記(26)の(a)と(b)は共に大木が倒れることを表しており、また(27)の(a)と(b)は共に日差しが窓に差し込むことを表しているが、(a)の受動形は文法的であるのに対して、(b)は非文法的である。(26a)の crash は「大きな音を立てて動く」、(27a)の shine「光を発する」という具合に、音や光の放出を表している。21頁で、音や光の放出動詞は、(主語が行為者ではないが)内発的な力により放出行為を表すスル動詞の一種であることに触れた。一方(26b)の fall(倒れる)、(27b)の pour(流れ込む)はモノの移動を表すナル動詞である。(a)のスル動詞、すなわち外項を持つ動詞に限り受動化が可能である。

(26) a. The roof was crashed into by a large tree.(屋根が大木に音を立ててつぶされた)
　　　b. *The well was fallen into by a large tree.(井戸が大木に倒れ掛からられた)
(27) a. The window was shone through by sunlight.(窓が日光に射し込まれた)
　　　b. *The window was poured through by sunlight.(窓が日光に流れ込まれた)

以上のように、**すべての自動詞が均質であるわけではなく、動詞の意味から大きくスル動詞とナル動詞の2つのグループに分けられる**。スル動詞の主語は元々主語の位置にある真性主語(外項)であるのに対して、ナル動詞の

主語は元々は目的語の位置にあった表層主語(内項)である。またそう仮定することによって両グループのさまざまな相違が、納得のいく形で説明できる。

本章で登場した用語と原語〈本文に当たり整理しておこう〉
表層主語　surface subject
真性主語　original subject
D 構造　D-structure
スル動詞／非能格動詞　unergative verb
ナル動詞／非対格動詞　unaccusative verb
There 構文　There-construction
同族目的語　cognate object
Do 疑似分裂文　Do pseudo-cleft sentence
-er 名詞　-er nominal

テーマの要点
【テーマ1】
自動詞はスル動詞とナル動詞に分けられる。スル動詞の主語は元々主語の位置にある真性主語、一方ナル動詞の主語は元々は目的語の位置にあったものが表面上主語となった表層主語。
【テーマ2】
スル動詞とナル動詞は、There 構文、同族目的語、Do 疑似分裂文、-er 名詞、受動化などに関して相違を示す。
【テーマ3】
There 構文における there の後ろの「動詞＋主語＋前置詞句」の語順は、ナル動詞の元来の語順(D 構造における語順)を反映している。

《第2章　練習問題》

1．次の括弧の中に適当な語句を入れよ。
（1） 一般的に、スル動詞の主語の意味役割は（　　　）であるのに対して、ナル動詞のそれは（　　　）である。
（2） スル動詞の主語は（　　　）主語であるが、ナル動詞のそれは（　　　）主語である。
（3） スル動詞は（　　　）を持っているが、ナル動詞はそれを欠いている。
（4） ナル動詞は（　　　）構文を作れるが、スル動詞はそれを作れない。
（5） ナル動詞の主語は元々（　　　）の位置にある。

2．次の文の主語について、(i)意味役割、(ii)真性主語であるか表層主語であるかを答えよ。次に、(iii)動詞がスル動詞かナル動詞であるかを答えよ。
（1） The professor replied to me quickly.
（2） The boy drowned in the pond.
（3） All leaves fell down.
（4） The dog barked in the night.
（5） The boy dangled from the cable.

3．次の主語はいずれも表層主語である。本文の(13)を参考にして、主語となる以前の位置に戻して、元の形を復元せよ。
（1） A balloon rose into the sky.
（2） The table broke.
（3） The ice melted instantly.
（4） The family moved to this town last year.
（5） A good idea occurred to me.

4. 次の文を Do 疑似分裂文に変えよ。
（1） John talked to her about the birth of the cosmos.
（2） Foreigners want to try natto most of all.
（3） Galileo claimed that the earth is round.
（4） Her son behaved generously to all people.
（5） He explained the shooting in the base to the journalists.

5. 次の文は同族目的語を含んだ文である。文法的である文には○、非文法的である文には×を付けよ。非文法的である文については、その理由を本文の説明に沿って述べよ。
（1） He ran a good run.
（2） The baby cried a terrible cry.
（3） She appeared an elegant appearance.
（4） He dreamed a happy dream.
（5） The train arrived a punctual arrival.

6. 次の対の文に含まれている動詞は、スル動詞としてもナル動詞としても用いられる。それぞれの文における用法はどちらの動詞としての用法か。
（1） a. The boy stood right on the table.
　　 b. The statue stood right on the stone.
（2） a. The train roared as it approached.
　　 b. The lion roared fiercely as it approached.
（3） a. John suddenly jumped over the fence.
　　 b. The unemployment rate suddenly jumped in September.

第3章　能動文と受動文の交替

【テーマ1】
他動詞を含む(1a)のような能動文は、(1b)のような受動文に交替することができる。しかし他動詞の中には、(2)に見るように受動文への交替が許されないものもある。なぜ他動詞でも受動文になれないのだろうか。

(1) a.　All the students read his paper.
　　 b.　His paper was read by all the students.
(2) a.　The student lacks morality.
　　 b.　*Morality is lacked by the student.

【テーマ2】
第2章で、自動詞の中にも受動文になれるものとなれないものがあることに触れた。次の(3)と(4)を比べてみよう。他動詞と自動詞の受動化の成立条件は同じなのだろうか。

(3) a.　The baby smiled at the mother.

b.　The mother was smiled at by the baby.
（4）a.　An accident happened to him.
　　　b.　*He was happened to by an accident.

【テーマ3】
受動化が可能な(1)(3)では、受動文の主語がどのような点で共通しているだろうか。受動文の主語になるにはどのような条件を満たさなければならないのだろうか。

　能動文と受動文の交替は、中学校の時から学び、実際によく使用され、しかも極めて「規則的」なので、英文法の規則としてしばしば取り上げられる。中学校で受動文を学習した時、「他動詞の目的語が受動文の主語になる」という趣旨の説明を受けたことであろう。こうした説明からすると、他動詞であれば、規則的に(機械的に)、受動文に交替することができるはずである。

✂1　受動化できない他動詞

　ところが、他動詞であっても受動文にすること(受動化)ができない動詞がある。意味役割に基づいていくつかの意味的なグループに整理してみることにしよう。1つは、resemble(似ている)、marry(結婚する)、touch(接する)、meet(出会う)のような、**対称動詞**と呼ばれる動詞である。対称動詞では、主語と目的語に現れるモノが対称的な関係になっており、例えば下記(5a)でJohnがTomに似ていればTomもJohnに似ているというような関係になる。

(5) a. John resembles Tom.
　　b. *Tom is resembled by John.
(6) a. The sofa is touching the wall.
　　b. *The wall is being touched by the sofa.

　なお、marry は「結婚する」「夫婦になる」のような対称動詞としての意味では受動化できないが(*Mary was married by John)、「(牧師などが)結婚させる」の意味であれば受動化できる(John and Mary were married by the preacher)。
　2番目のグループは、cost(値段がする)、weigh(重さがある)、last(続く)、measure(数量がある)のような、目的語が主語についての数量や測定値を表す**モノ・数値**グループである。動詞の直後に two hours のように名詞句が生じるので、これらの動詞を他動詞と見なすことが多い。ただし、(7a)に対応する疑問文の目的語の部分が *How long* did his speech last? のように副詞句になるので、自動詞と見なす辞書や文献もある。

(7) a. His speech lasted two hours.
　　b. *Two hours were lasted by his speech.
(8) a. The imported car costs more than 50,000 dollars.
　　b. *More than 50,000 dollars is cost by the imported car.

　3番目のグループは、主語が場所を表し、目的語がその場所に存在するモノを表す**場所・モノ**グループの動詞である。house(収容する)、sleep(泊められる)、contain(含む)、lack(欠く、(2)参照)、have(有する)などが該当する。

(9) a. This room sleeps five people.
　　b. *Five people are slept by this room.

(10) a. The bottle contains one quart of oil.

　　b. *One quart of oil is contained by the bottle.

(11) a. This book has many pictures.

　　b. *Many pictures are had by this book.

✄2　意味役割に基づく説明

　このように、受動化ができない動詞を、主語や目的語の意味役割に基づいて整理できることからすると、受動化全般についても意味役割に基づいて可否を定義できると考えられるかもしれない。主な意味役割については、第1章の(4)を見ること。

　意味役割を用いて、例えば「主語が行為者、目的語がモノであるような動詞のみが受動化できる」とする考え方がある。(1)で見た典型的な受動化可能な文では、主語が行為者で目的語がモノである。逆に、上で見た受動化できない3つのグループでは、主語がいずれも行為者ではない。

　もう少し洗練して、まず意味役割の間に「力関係」を定めて、それに基づく主語と目的語の相対的な力関係により、受動化の可否を定義するという提案もある(Jackendoff (1972))。意味役割の力関係として、(12)のような階層(上下関係)を仮定する。左側のものほど階層が上位であり、{ }内は同位にある。(12)の階層に言及して、受動化の条件を(13)のように定める。

(12)　意味役割の階層：行為者＞{場所、出発点、到達点}＞モノ

(13)　受動化の階層条件：受動文では、意味役割の階層(12)において、by句が主語よりも上位でなければならない。

　典型的な受動文では、by句が行為者で、主語がモノになるので、by句の方が受動文の主語より上位であり、(13)の条件を満たしている。受動化が許されない対称動詞((5)(6)参照)では主語と目的語の意味役割が同じであ

り、それゆえ同位であると考えられる。受動文になっても、by 句と主語が同位なので、(13)に違反している。モノ・数値グループ((7)(8)参照)についても、数値を表す目的語が、主語のモノの価格や体重などの値が成り立つ場所であると仮定すれば、受動文では by 句(モノ)の方が主語(場所)よりも下位になり、(13)に違反する。

ところが、同じく受動化が許されない場所・モノグループの受動文(9)–(11)では、場所を表す by 句の方がモノを表す主語よりも上位になり(13)に適っているはずであるが、実際には非文法的である。

やっかいなことに、fill(満たす)、surround(囲む)、cover(おおう)、block(ふさぐ)などは、主語がモノで目的語が場所であり、場所・モノグループとは逆のモノ・場所グループの動詞である。受動文の下記(14)(15)の(b)では、by 句(モノ)の方が主語(場所)よりも下位になっており、(13)の条件に違反するにも拘らず、実際には文法的である。文法的な(14b)(15b)は、受動化の条件を、単純に「(能動文において)主語が行為者、目的語がモノであるような動詞のみが受動化できる」(38 頁)という具合に定めることができるわけではないことを示している点にも注目せよ。

(14) a. Water fills this bottle.
　　 b. This bottle is filled by water.
(15) a. Trees surround the park.
　　 b. The park is surrounded by trees.

以上のように、意味役割の階層に基づく条件(13)では、受動化の可能性をうまく扱うことができない。

❋3　受動化にとって外項が重要

前章で、スル動詞には外項(真性主語)があるが、ナル動詞には外項がない

(それゆえ、主語は表層主語である)ことを示す中で、Do 疑似分裂文、-er 名詞に加えて、受動化できるかどうかに触れた。(16)のスル動詞は受動化ができるが、(17)のナル動詞はできない。

(16) a. The baby smiled at the mother.
　　 b. The mother was smiled at by the baby.
(17) a. An accident happened to him.
　　 b. *He was happened to by an accident.

　前章でナル動詞の1つとして arrive を挙げたが、この動詞は、*The station was arrived at by the train のような一般的な用法では受動化できないが、The conclusion was arrived at by the cabinet members(結論が閣僚たちによって得られた)のような用法では受動化することができる。後者の用法では、熱心に議論をして結論を得るのであるから、ナル動詞ではなくスル動詞である。23–24頁で触れたように、スル動詞であるかナル動詞であるか(換言すれば、外項があるかないか)は動詞ごとに固定しているのではなく、その意味や用法によって変動する。この arrive の用法および(16)と(17)の対比からして、自動詞の受動化は、外項の有無に大きくかかっていると言えそうである。
　では他動詞の場合はどうであるか。他動詞は、中学校の英語でも習ったように、目的語を取る動詞である。目的語の位置が既に目的語で埋まっているのであるから、自動詞のナル動詞のように、主語が元々目的語の位置にあるということは考えにくいであろう。通常、他動詞の主語は真性主語であり、元々主語の位置にある外項であると考えられる。他動詞を含む文のD構造を示すと、多くの場合、次のようになる。

(18)　[[主語]　[$_{VP}$　動詞　目的語　.....]]
　　　　　‖
　　　　外項

受動文を作るには、まず、主語の位置にある外項を退かせなければならない。これを外項の「退陣」と呼ぶことにしよう(「抑制」と呼ぶこともあるが、「外項を抑え込む」というのは分かり難いので、「退陣」と呼んでいく)。退陣した外項は by で始まる前置詞句(by 句)になる。主語の位置から外項が退陣すると、主語の位置は空になる。

(19) 　[[　]　[_VP 動詞　目的語　.....] by 句]
　　　　　└──────────────↑ (外項の退陣)

主語の位置が空の状態は、前章の(13)で見たナル動詞の D 構造と同じである。英語では主語の位置を空のままにしておくわけにはいかないので、ちょうど、目的語の位置にあるナル動詞の名詞句(表層主語)が空の主語の位置へ移動していくように、目的語の位置にある名詞句が空の主語の位置へと移動していく。受動文の主語も、本籍が目的語の位置であったものが、現住所を主語の位置に変更した表層主語である。

(20) 　[[　]　[_VP 動詞　目的語　.....] by 句]
　　　↑──────────┘ (目的語の移動)

　上の(18)–(20)で見たことを、正式に定めると次のようになる。

(21)　受動化のプロセス
　①　外項を退陣させ(て、by 句にして)、
　②　空になった主語の位置へ、動詞に 1 番近い内項の名詞句を移動する。

(21)は、外項、内項などやや専門的な用語が用いられているので難しいように見えるかもしれないが、学校文法で習った受け身文の作り方を少し厳密に述べたものにほかならない。①は、学校文法で習った「能動文の主語を

by 句にして」という部分にほぼ当たり、また②は「目的語を主語の位置へ持ってくる」という部分にほぼ当てはまる。①の by 句の部分が括弧に入っているのは、受動文では by 句の出現が随意的であることを示している。

　(21)のプロセスを下記(22a)の他動詞文に当てはめてみよう。まず①により能動文(22a)の主語(外項)the rat を退陣させる。次に、②で述べられている「動詞に 1 番近い内項の名詞句」として、目的語の the rotten cheese がある。それを空になった主語の位置へ移動すると、(22b)の受動文ができる。

(22) a.　The rat ate the rotten cheese.
　　 b.　The rotten cheese was eaten (by the rat).

　今度は(21)を下記(23a)の自動詞のスル動詞に当てはめてみよう。前章で見た通り、スル動詞は外項を持っている。①により(23a)の主語 you を退陣させる。次に、②で述べられている「動詞に 1 番近い内項の名詞句」として、前置詞 to の目的語の the doctor's advice が該当する。それを空になった主語の位置へ移動すると、(23b)の受動文ができる。

(23) a.　You should listen to the doctor's advice.
　　 b.　The doctor's advice should be listened to.

　最後に、(24a)のナル動詞の受動化について考えてみよう。

(24) a.　An accident happened to him.
　　 b.　*He was happened to by an accident.

自動詞の中でもナル動詞は、前章で詳しく見たように、外項を持っていない。したがって、①のプロセス(つまり、外項の退陣)が受けられないので、受動化することができない。このように**受動化のプロセスは、他動詞、自動**

詞を問わずに、**外項を持っている動詞に対してのみ適用される**のである。

受動化のプロセス(21)の①は受動化できる動詞の種類を限定する働きをしており、一方②により受動文の主語になれる要素が動詞に1番近い位置にある内項の名詞句に限られることになる。

4 受動化できない他動詞を再訪

受動化できるための条件が外項を持っていることであるとなると、受動化できない他動詞は外項を持っていないものと仮定される。この仮定の妥当性を証明するには、受動化できない他動詞が、受動化以外の点からも、外項を持っていないことを示されねばならない。外項を持っているかどうかは、前章で見たように、受動化の可否ばかりではなく、-er 名詞の成否、Do 疑似分裂文の可否とも関係していた。前章では、これら3つの操作が相関し合っていることを自動詞について見たが、以下では、問題の他動詞について見てみることにしよう。

その検討に入る前に、受動化できない他動詞の意味的共通性を考えてみよう。受動化できない他動詞をもう1度整理すると次のようになる。

(25) a. 対称関係：marry(結婚する), meet(出会う), resemble(似ている), touch(接する)
　　 b. 測定値関係：cost(値段がする), last(続く), measure(数量がある), weigh(重さがある)
　　 c. 容器・中身関係：contain(含んでいる), have(持っている), house(収容する), lack(欠いている), sleep(泊められる)

いずれのグループも、主語と目的語の間の何らかの「関係」を表していることが分かる。(25a)の対称関係というのは、A(主語)のB(目的語)に対する関係が成り立てば、BのAに対する同じ関係が成り立つという関係であ

る。(25b)の測定値関係というのは、主語のモノについて目的語が値段や度量などの数値を表す関係である。(25c)の容器・中身関係というのは、主語がいわば容器を表し、目的語がそこに納まる中身を表すような関係である。(25c)の容器・中身の関係は、明らかに空間的関係である。(25b)の測定値関係も、目的語が数値の成り立つ場所や領域を表していると見れば(39頁)、空間的関係と見なせる。(25a)の対称関係も、ある軸における対等な関係を表しているので、広い意味で空間的関係と見ることができる。(25)の動詞はいずれも何らかの空間的関係を表しているので、主語の目的語に対する積極的な働きかけを表しているわけではない。

一方、もっとも典型的な他動詞は、主語が行為者で目的語がモノを表しているものである(冒頭の(1)などを参照)。したがって主語が目的語に向かって積極的に働きかけるとか、影響を及ぼすような内容を表すものである。受動化できない動詞は、意味の点で、一般的な他動詞と著しく異なっていることが分かる。

では、他動詞の -er 名詞について見てみよう。ほとんどの他動詞が -er 名詞を作ることができる。(26)の中の下線を施してあるものは、基になる動詞が本章中で受動化できる動詞の例として引き合いに出されているものである。

(26)　builder, eater, filler, kicker, reader, supporter, surrounder, teacher, translator, watcher, writer, ...

一方、受動化できない他動詞は -er 名詞を作ることができない。

(27)　*coster(値がするもの), *haver, *lacker, *resembler, *sleeper(収容するもの), *toucher(接するもの), *weigher(重さがするもの)

次に、Do 疑似分裂文を見てみよう。次の(28)の例文で用いられている動

詞は、これまで受動化できる動詞の例として挙げてきたものである。(28c)(28d)からも明らかなように、主語は人や動物である必要がない。

(28) a. What all the students did was read his paper.
　　 b. What the rat did was eat the rotten cheese.
　　 c. What water did was fill the bottle.
　　 d. What the trees do is surround the park.

一方受動化できない動詞は Do 疑似分裂文を作ることができない。

(29) a. *What the student does is lack morality.
　　 b. *What John does is resemble Tom.
　　 c. *What this room does is sleep five people.
　　 d. *What the imported car does is cost more than 50,000 dollars.

外項の有無の相違として、もう1つ、再帰代名詞の可否を付け加えることができるかもしれない。再帰代名詞は一般に、1つの文の中に、主語と同じものを指し示す要素が現れる場合に生じる。確かに、動詞がスル動詞の場合には、後続の前置詞句の中に再帰代名詞が現れることができるが、ナル動詞の場合には現れることができない。

(30) a. John looked at himself.
　　 b. Mary talked to herself.
　　 c. I debated with myself whether to go abroad alone.
(31) a. *John arrived at himself.
　　 b. *The disaster happened to itself.
　　 c. *The stone fell on itself.

他動詞でも、外項を持っていると考えられる動詞は、下記(32)に見る通り、再帰代名詞を取ることができるが、受動化できない(25)の動詞は再帰代名詞を取ることができない(下記(33))。

(32) a.　John supports himself.
　　 b.　Bill respects himself.
　　 c.　Mary taught herself.
(33) a.　*John resembles himself.
　　 b.　*Mary met herself.
　　 c.　*The box contains itself.

　なぜ外項の有無と再帰代名詞の可否が関係するのだろうか。そのヒントは、文法的な(30)や(32)の文が受け身文になると非文法的になるという事実にありそうである。下記(34)(35)では、一般的に再帰代名詞の先行詞は主語の位置に現れるので、主語が(再帰代名詞ではなく)通常の名詞形の先行詞となっている点に注意。

(34) a.　*John was looked at by himself. / cf. **Himself was looked at by John.
　　 b.　*Mary was talked to by herself.
(35) a.　*John is supported by himself. / cf. **Himself is supported by John.
　　 b.　*Bill was respected by himself.

　受動文では、(21)で見たように、外項が退陣させられ、代わりに動詞に1番近い内項の名詞句が主語の位置へ移動していく。その結果、by 句に再帰代名詞が現れている場合には、次のような関係が発生する。t は John が元あった位置に残された痕跡(「名残り」)を、また下付きの i は同じものを指し示していることを、それぞれ表している。

(36) *John_i ... t_i ... himself_i.

　再帰代名詞 himself とその先行詞 John の間には、John の「名残り」である痕跡が介在している。先行詞と再帰代名詞の間には、前者の痕跡が生じてはならないのである（この制限は、専門的には、再帰代名詞を含めた照応表現全般に関する「束縛原理」という一般的な原理に帰することができるが、ここでは深く立ち入らない）。
　こうした一般性があるとなると、(33)でナル動詞が再帰代名詞を伴うことができない理由が説明できる。ナル動詞を含む文では表層主語となる名詞句が目的語の位置から移動していくので、目的語の位置に痕跡が残される。表層主語（先行詞）と、それが元あった位置よりもさらに後方にある再帰代名詞との間に、表層主語の痕跡が介在することになり、(36)に示した関係が生じるのである。自動詞のナル動詞に関して、再帰代名詞を伴うことができない理由が(36)に帰されるとなると、他動詞の(33)の例についても、(36)に帰するのが自然である。後述(52-53頁)するように、(33)の動詞も外項を欠いており、表層主語となる名詞句が目的語の位置から移動していると仮定するならば、これらの動詞を含む文でも(36)の関係が生じることになる。したがって、(33)の再帰代名詞に関する事実も、受動化できない(25)の動詞が外項を欠いていることを示す証拠になり得る。
　以上見てきた通り、受動化できない動詞は、-er 名詞、Do 疑似分裂文、および再帰代名詞の点からも外項を持っていないことが明らかである。外項を持っていないとなれば、受動化のプロセス(21)の①の適用ができないので、受動化することができないわけである。(25)の他動詞は、外項を欠いているという点で自動詞のナル動詞と同じであり、それゆえナル動詞の「他動詞版」（専門用語を用いれば、「非対格他動詞」）ということができるかもしれない。
　上記(25)の動詞のうち contain、have、lack、resemble などは、動作ではな

く状態を表しているので、状態を表す動詞は受動化できないと見る向きもある。だが状態動詞の典型とされる know(知っている)、like(好きである)、love(愛している)などは、(37)が示すように、受動化ができる。

(37) a. They are known by archeologists for their distinctive ceramic work.
     b. He was liked by politicians of all parties and factions.
     c. She was loved by everyone she met.

さらに注目すべきことは、これらの状態動詞は -er 名詞を作ることも、Do 疑似分裂文に現れることもできる。knower などが実際に用いられるのはやや特殊な文脈であろうが、(38)に見るように、*Oxford English Dictionary* などいくつかの辞書で用例が確認されている。また(39)が示すように、適切な文脈では Do 疑似分裂文も可能である。

(38)   knower (one who knows), liker (one who likes), lover (one who has an affection, predilection, fancy, or liking for)

(39) a. What a good point guard does is know when to pass the ball … for the good of the team … so the team can win.
                      (http://www.huffingtonpost.com/social/Luv2Purple)
     b. What I did was like a Bob Dylan protest song.
                      (Alan Grayson の歌の題名)
     c. What he did was love people and heal them.
                      (http://www.twelvetribes.com/pdf/freepapers/got-enlightenment.pdf)

さらに状態動詞は John knows himself や Mary likes herself のように、問題なく再帰代名詞を伴うことができる。

これらの状態動詞は、「知っている」とか「好きである」「愛している」など心理的状態を表しており、外項として、心的活動の「経験者」という意味

役割を担った項を持っている。そのために他の他動詞およびスル動詞と同様に、受動文、-er 名詞、Do 疑似分裂文、再帰代名詞文のいずれをも作ることができるのである。

(25)の他動詞の主語が外項でないとすると、ナル自動詞の主語と同様に、D 構造で目的語の位置にあった表層主語ということになるが、では目的語の方はどのように扱えばよいのであろうか。表面上の目的語は、D 構造の段階では目的語の位置にないのだろうか。この点については本章の最後で簡単に触れる。

✂5　受動文の主語は元来の目的語だけ

受動化のプロセス(21)の②は、**動詞に 1 番近い内項の名詞句——動詞の目的語や、内項である前置詞句の目的語——が、受動文の主語となる**ことを述べている。②からすると、たとえ前置詞句が動詞の直後にあったとしても、それが動詞の補部(内項)ではなく、付加部であるならば、その目的語の名詞句を受動文の主語にできないことが説明される。(40a)(41a)の動詞の直後の前置詞句は、内項ではなく付加部である。

(40) a. The students chattered during the lecture.
　　 b. *The lecture was chattered during by the students.
(41) a. The children have never eaten on the street.
　　 b. *The street has never been eaten on by the children.

次例では、前置詞句が付加部であり、その中の名詞句が受動文の主語になっているかのように見える。

(42) a. The river should not be swum in.
　　 b. This desk should not be written on.

これらに対する能動文(43)の意味を考えてみると、(43a)であれば、「この川では、泳ぐことをするべきではない」というふうにswimという動詞が否定されている解釈と、「泳ぐにしても、この川ではするべきではない」という具合に前置詞句が否定の対象となっている解釈が成り立つ。(42)のような禁止や警告を表現している受動文の意味は、もっぱら後者に対応する解釈である。後者の解釈では、動詞と前置詞句で動詞句を形成しており、前置詞句は動詞の補部となっているので、プロセス(21)の②の原則に違反していない。

(43) a. You should not swim in the river.
    b. You should not write on this desk.

loadなどの動詞は、次章で見るように、補部としてモノと場所(または、到達点)の内項を取る動詞である。この種の動詞は、2つの内項を、(44a)のようにモノ－場所の順に並べることも、(45a)のように場所－モノの順に並べることもできる。いずれの場合も、受動文の主語にすることができるのは、動詞に1番近いところにある名詞句である。同じモノを表す名詞句であっても、あるいは同じ場所を表す名詞句であっても、動詞から見て2番目の位置にある時には受動文の主語にすることができない。

(44) a. He loaded the hay onto the truck.
    b. The hay was loaded onto the truck.
    c. *The truck was loaded the hay onto.   ((45b)と比較せよ)
(45) a. He loaded the truck with the hay.
    b. The truck was loaded with the hay.
    c. *The hay was loaded the truck with.   ((44b)と比較せよ)

同じように、giveなどの動詞は、第5章で見るように、補部としてモノと

受け取り手の 2 つの内項を取る動詞である。2 つの内項を、(46a)のようにモノ – 受け取り手の順に並べることも(第 5 章の用語を用いれば「与格構文」)、(47a)のように受け取り手 – モノの順に並べることも(「二重目的語構文」)できる。いずれの場合も、受動文の主語にできるのは、動詞に 1 番近いところにある名詞句に限られる。(47)の二重目的語構文では、動詞に 1 番近い名詞句が直接目的語 the book ではなく、間接目的語 Mary である点に注意。

(46) a. John gave the book to Mary.
　　 b. The book was given to Mary.
　　 c. *Mary was given the book to.　　　　　　((47b)と比較せよ)
(47) a. John gave Mary the book.
　　 b. Mary was given the book by John.
　　 c. *The book was given Mary by John.　　　　((46b)と比較せよ)

なお(47c)のような文を受け入れる方言または話者が報告されているが、あまり一般的とは言えない。そのような方言または話者でも、give などいくつかの動詞に限定されており、二重目的語構文を取る動詞全般について直接目的語(第 2 目的語)の受動化が可能なわけではない。

�ą6　外項と意味

　最後に、受動化で重要な役割を果たした外項とその意味との関係について見ておこう。これまで外項とは、動詞句または述部の外に現れる項と捉えてきた。動詞句は統語範疇、述部は文法関係に関する概念であり、6 頁で触れた用語を用いるならば、どちらも統語構造を定める概念である。それに対して項は、同じく 6 頁で触れたように、意味役割と共に項構造を形成する。できれば、同じ項構造の概念である意味役割でもって項を定義するのが望ま

しい。4頁で見た通り、意味役割は文法関係と相関している。行為者は常に主語として現れるのであるから、外項の候補である。48–49頁で簡単に触れた、心理的な経験を受ける「経験者」も主語として現れるのであるから、外項の候補である。心理的経験を心的活動と見るならば、概ね、行為者は身体的・外的活動を行うのに対して、経験者は心的・内的活動を行うことになる。行為者も経験者も、活動の主体、あるいは活動の源であるので、両者をまとめて「活動主」という(大くくりの)意味役割を設けるならば、**外項とは活動主という意味役割を担う項**(すなわち、何らかの活動の主体または源となる事物)と言うことができる。また活動主であれば行為者でも経験者でも主語になるのであるから、一般的に、**活動主は真性主語になる**という具合に、意味役割と文法関係の相関性が成り立つことになる。(25)で見た「受動化できない他動詞」はいずれも、何からの(空間的)関係を表しており、活動の主体または源となる要素(活動主)を含んでいないので、意味の点からも外項を持たない動詞ということができる。したがって、これらの動詞は外項(真性主語)を持っておらず、表面上の主語は本籍と現住所が異なる表層主語ということになる。

　その表層主語が元々動詞の直後の位置(目的語の位置)にあるとなると、目的語の方はどうなのであろうか。1つの可能性は、目的語が、動詞の目的語ではなく、眼に見えない「ゼロの前置詞」の目的語である——つまり、「ゼロ前置詞」とその目的語で前置詞句を構成している——と考えてみることができる。この考え方に従うと、受動化できない動詞 resemble を含む文のD構造は、下記(48)のようになる。(48)は、前置詞がゼロであるという点を除けば、表層主語が元々目的語の位置にあった(46b)のような受動文のD構造と基本的に同じである。より大事なことは、(48)は、表層主語が動詞の直後にあり、外項を欠いているという点で、第2章の(13)で見たナル動詞のD構造と基本的に同じであるということである。

(48)　___ resemble [John] [$_{PP}$ ∅ [his father]]

動詞の場合には「ゼロ前置詞」がゼロのままであり、明示的に姿を現さないが、名詞になると John's resemblance *to* his father のようにはっきりと前置詞 to として姿を現す。受動化できない動詞については、非対格性との関係で、今後さらに研究を推し進めていく必要がある。

本章で登場した用語と原語〈本文に当たり整理しておこう〉
受動化　Passivization
意味役割の階層　Semantic/Thematic Role Hierarchy
外項の退陣（または抑制）　suppression of external argument
ナル動詞の他動詞（非対格他動詞）　unaccusative transitive verb
再帰代名詞　reflexive pronoun
経験者　Experiencer
活動主　Actor

テーマの要点
【テーマ1】
他動詞にも、自動詞のナル動詞同様に、外項を持たない動詞がある。そのような動詞は受動化できない。
【テーマ2】
受動化の条件として、他動詞・自動詞の区別に関わりなく、「外項を持つ動詞であれば受動化でき、外項を持たなければ受動化できない」というふうに一般化できる。
【テーマ3】
受動文の主語は、他動詞でも自動詞でも、動詞に最も近い位置にある内項の名詞句に限られる。

《第3章 練習問題》

1. 次の括弧の中に適当な語句を入れよ。
(1) 自動詞のうち、(　　　)は受動文を作れるが、(　　　)は作れない。
(2) 受動文を作れるのは(　　　)を持っている動詞である。
(3) 受動文を作るのには、まず(　　　)を退陣させ、空になった主語の位置へ(　　　)を移動する。
(4) resemble などは他動詞だが(　　　)を持たない。
(5) 外項の有無を調べるテストとして、(　　　)、(　　　)、(　　　)、さらに(　　　)がある。

2. 次の文を受動文に変えて、文法的である文には○、非文法的である文には×を付けよ。非文法的である文については、その理由を本文の説明に沿って述べよ。
(1) All the students must learn two foreign languages.
(2) These people lack morality.
(3) The new car costs much money.
(4) The faculty members know the injustice.
(5) John accidentally met Mary.

3. 次の自動詞を含む文を受動文に変えて、文法的である文には○、非文法的である文には×を付けよ。非文法的である文については、その理由を本文の説明に沿って述べよ。
(1) The family depends upon the boy.
(2) The sun sank behind the mountain.
(3) The car accident occurred on the highway.
(4) Many people crossed over the bridge.
(5) Mists rose from the pond.

4. 次の受動文の主語と by 句の意味役割を述べよ。それぞれの文法性が、本文(13)の受動化の階層条件で説明できるか考えよ。
（1） The road was blocked by the big rock.
（2） *She was fitted by the new dress.
（3） *He was befallen by misfortune.
（4） *I am suited by the hat.
（5） The city was surrounded by walls.

5. 次の文では、2つの前置詞句を相互に入れ替えることができる。それぞれの文について(i)下線部および(ii)波線部を主語にした受動文を作り、文法的である文には○、非文法的である文には×を文頭に付けよ。非文法的である文については、その理由を本文の説明に沿って述べよ。
（1） a. John talked to Mary about the examination.
　　 b. John talked about the examination to Mary.
（2） a. Bill wrote to Beth about his campus life.
　　 b. Bill wrote about his campus life to Beth.

6. 受動化できる最も典型的な文は、主語が行為者で、目的語がモノであるような文である。この一般性から外れる受動化可能な動詞のタイプを3つ本文中から探し、それぞれのタイプごとに能動文と受動文の対を1組ずつ示せ。

第 4 章　場所句交替

【テーマ 1】
あるモノをある場所に移動することを表す動詞には、2 種類の構文を取るものがある。この交替を場所句交替と呼ぶことにしよう。

（1） a.　She smeared mud on the wall.
　　　b.　She smeared the wall with mud.

ところが、同じく「モノの場所への移動」を表す動詞でも、(1a)または(1b)のいずれか一方の構文しか許さない動詞もある。

（2） a.　He poured water into the bottle.
　　　b.　*He poured the bottle with water.
（3） a.　*He filled water in the bottle.
　　　b.　He filled the bottle with water.

なぜ(1)では場所句交替が可能で、(2)(3)では不可能なのだろうか。交替を許す動詞と許さない動詞にはどのような相違があるのだろうか。

【テーマ２】
場所句交替が可能な(1a)と(1b)は、意味が同じだろうか。

【テーマ３】
なぜ同じような出来事を表すのに、(1a)(1b)のような２種類の構文が存在するのだろうか。

✂1　場所句交替の条件

　上記(1)で見た場所句交替の例をもう少し見てみよう。次の(4)(5)の(a)と(b)も場所句交替の例である。

（4）a.　He piled the books on the stool.
　　 b.　He piled the stool with the books.
（5）a.　He sprayed paint onto the wall.
　　 b.　He sprayed the wall with paint.

(1)(4)(5)の(a)における文末の前置詞句も(b)の動詞の直後の名詞句も、意味役割からすると、第１章で見たように、到着点であるが、前置詞句および名詞句自体は到達の結果たどり着く場所を表しているので、便宜的に「場所句」と呼んでいこう。(a)では、動詞の直後(すなわち目的語の位置)に「移動するモノ」、その後ろにモノのたどり着く場所を表す「場所句」が生じている。モノが目的語なので、(a)の型を**モノ目的語構文**と呼ぶことにしよう。一方(b)では、動詞の目的語の位置に場所句、その後ろに前置詞句でモノが生じている。場所句が目的語なので、(b)の型を**場所目的語構文**と呼ぶことにしよう(この交替のことを「場所格交替」、「所格交替」などと呼ぶこともあるが、場所句に特有な格(場所格)が他の格に交替するわけではないの

で、本書では場所格ではなく場所句の交替と呼んでいく）。

　場所句交替を許す動詞を、日本語訳と共に挙げてみよう。日本語訳は、どのような動詞が場所句交替を許すかを考える上でヒントを与えてくれる。

（６）　　　　　　　①　　②
　　　cram　　　　詰め　<u>込む</u>
　　　load　　　　積み　<u>込む</u>
　　　pile　　　　 積み　<u>重ねる</u>
　　　rub　　　　 すり　<u>付ける</u>
　　　sew　　　　 縫い　<u>付ける</u>
　　　slather　　　<u>厚く</u>　塗る
　　　smear　　　塗り　<u>付ける</u>
　　　spray　　　 吹き　<u>付ける</u>
　　　spread　　　<u>薄く</u>　塗る／広げて　<u>置く</u>
　　　wrap　　　 巻き　<u>付ける</u>

　これらの動詞は、日本語訳からして、２つの行為（以下の①と②）を表していることが分かる。①（非下線部）は、詰める、積む、塗る、吹きかける、巻くなどといった、モノを移動させる際の特殊な動き──特に、主語の行為者が意図的に強い力を行使する動き──を表している。一方②（下線部）は、英語の動詞が他動詞なので、訳語も、込む（中に納める）、重ねる、付けるなど他動詞形となっているが、これらを自動詞形にすると、こもる（中に納まる）、重なる、付くなど、場所におけるモノの納まり状態を表していることに気づく。例えばsmearならば、塗料や流動物などを平面に沿って延ばしながら移動することと、その結果平面の上にモノが付着した状態になることを表している。pileであれば、同質のモノをいくつも平面の上に載せていくという移動の仕方と、その結果平面の上にそれらが堆積しているという状態を表している。①を「移動の様態（仕方）」、②を「場所の状態」と呼ぶとすれ

ば、(6)の動詞、すなわち**場所句交替を許す動詞は、モノの特殊な「移動の様態」と「場所の状態」の両方を表す動詞である**といえる。slather(厚く塗る)、spread(薄く塗る)の訳では、前に②の状態(厚く／薄く付着している状態)、後に①の移動の様態(塗る)が現れている。

では、なぜこのような内容を表す動詞が、モノ目的語構文と場所目的語構文の両構文を取ることができるのであろうか。上記(1)(4)(5)の(a)のモノ目的語構文と(b)の場所目的語構文の違いは、「移動の様態」と「場所の状態」のうちのどちらに関心の力点が置かれているかの違いと見ることができる。(a)のモノ目的語構文では、目的語の位置にあるモノに関して、それがどのような様態で場所へ移動されるかに力点が置かれて描写されており、一方(b)の場所目的語構文では、目的語の位置にある場所に関して、そこがモノの移動の結果どのような状態になっているかに力点が置かれて描写されている。例えば(4a)のモノ目的語構文では、本の移動の様態が単に置かれたのでもなければ、上から落とされたのでもなく、積み上げていくという移動の仕方であることに力点が置かれて述べられている。一方(4b)の場所目的語構文では、椅子の上の状態が本の散在している状態でも、横に並べられた状態でもなく、本の重なった状態になっていることに焦点が置かれて述べている。**場所句交替動詞は、「移動の様態」と「場所の状態」の両方を表すので、そのどちらに関心の比重を置くかによって、2種類の異なった構文——モノ目的語構文と場所目的語構文——を取り得るのである。**

※2　モノ目的語構文のみを取る動詞

pour(注ぐ)、drop(落とす)、drip(したたらせる)、funnel(じょうろ状に注ぐ)などは、(6)の動詞と同様に「モノの場所への移動」を表す動詞であるが、モノ目的語構文のみが可能である。

(7) a. He poured water into the bottle.
　　b. *He poured the bottle with water.
(8) a. He dropped the letter in the mailbox.
　　b. *He dropped the mailbox with the letter.

　これらの動詞は、注ぐ(液体が連続的に上から下へ流れる)、落とす(手放して落下させる)、したたらせる(しずくとなって垂れ落とす)などといったモノの移動の仕方、すなわち「移動の様態」を表しているが、そうした動作の結果場所にもたらされる「場所の状態」については明らかにしていない。例えば、既に(1)で見た通り、場所句交替がある smear の場合には、塗るという行為の結果場所がモノの付着した状態になるが、(2)(上記(7)として再録)の pour の場合には、注ぐという行為の結果場所がどのような状態になっているかについては述べられていない。また上で見た(4)の pile の場合には、場所がモノの堆積した状態になるが、上記(8)の drop の場合には場所がどのような状態になるかについては述べられていない。モノ目的語構文のみを取る動詞は、場所句交替のための2つの要件のうち、「移動の様態」は満たしているが、「場所の状態」は満たしていない。そのために、モノの移動の様態に関心の力点が置かれているモノ目的語構文のみしか取れないのである。

✤3　場所目的語構文のみを取る動詞

　逆に、fill(一杯にする)、cover(覆う)、block(塞ぐ)、saturate(飽和させる)、pave(舗装する)、drench(浸す)、ornament(飾る)、surround(囲む)などは、場所目的語構文のみしか許されない(さらに冒頭の(3)も参照)。

（9）a. *She covered a white cloth onto the table.
　　b. She covered the table with a white cloth.
（10）a. *He blocked the car on the road.
　　b. He blocked the road with the car.

これらの動詞は、モノを場所に移動した結果場所が一杯になったとか、覆われたとか、塞がれたとか、舗装されたなどといった「場所の状態」については表しているが、そのような状態になるのに、モノがどのように移動したかについては明らかにしていない。例えば(9)では、テーブルが白い布で覆われている状態になっていることを表しているが、布をどのようにして覆ったか（上から垂らして覆ったか、横から投げつけるようにして覆ったかなど）については何も表していない。場所目的語構文のみを取る動詞は、場所句交替のための「場所の状態」の条件を満たしているが、「移動の様態」の条件を満たしていない。そのために、場所の状態に関心の力点が置かれている場所目的語構文のみしか取れないのである。

✄4　モノ目的語構文と場所目的語構文の意味の相違

　両構文の意味の相違としては、上述のように、モノ目的語構文では「移動の様態」に力点が置かれており、場所目的語構文では「場所の状態」に関心の力点が置かれている点にある。力点の中心となる句（モノまたは場所）が、それぞれ目的語の位置に現れている。

　両構文のもう1つの意味的相違として、場所目的語構文では、場所がモノで一杯になるとか、場所全体に影響が及ぶという意味が含まれるが、モノ目的語構文ではそうした意味が含まれない、という点がよく指摘される。下記の場所目的語構文(11a)ではトラックの荷台全体が干し草で一杯になっていると理解されるが、モノ目的語構文(11b)では一杯であるとは限らない。

(11) a. They loaded the truck with hay. 　　　　（場所目的語構文）
　　　b. They loaded hay onto the truck. 　　　　（モノ目的語構文）

　この点に注目すると、動詞の意味に「一杯に」とか「完全に」などという意味が含まれている動詞では、「一杯の」という意味を含んでいるとされる場所目的語構文の方は取れるが、そうした意味を含んでいないモノ目的語構文は取れないものと予想することができる。fill(満たす)、drench(びしょ濡れにする)、saturate(飽和状態にする)、cover(覆い隠す)などの意味を英語の辞典(例えば *Longman Advanced American Dictionary* など)で調べてみると、(12)に示す通り、動詞の意味の一部として「一杯に」とか「完全に」などを表す意味が含まれていることが分かる。既に(3)(9)で見た通り、これらの動詞は場所目的語構文のみしか取ることができない。

(12) a. fill: to put enough of liquid, etc. into a container to make it *full*
　　　b. drench: to make something *completely* wet
　　　c. saturate: to fill something *completely* with a large number of things
　　　d. cover: to put something over, *with the effect of hiding from view*

　しかし、stain(汚す)、ornament(飾る)、infect(感染させる)、garland(花輪で飾る)なども場所目的語構文のみしか取れないが、必ずしも場所全体がモノで一杯になっていることを表しているわけではない。例えば、(13a)の場所目的語構文ではネクタイ全体がワインで汚れているわけではないし、(13b)の場所目的語構文ではいくら豪華な庭でも噴水と人工の滝で一杯になっているわけではなく、不定冠詞のaからも明らかなようにそれぞれが1つずつあるだけである。

(13) a. He stained his tie with wine.(ネクタイを、ワインで汚した)
　　b. They ornamented the superb garden with a fountain and a magnificent cascade.(荘大な庭を、噴水と立派な滝で飾った)

　(13)の動詞に共通していることは、元来移動の対象となるモノ(汚れや飾り物)を表す名詞が、動詞として用いられるようになったもの(名詞から動詞へ「転換」したもの)であるという点である。そしてこれらの動詞は、基本的に、ある場所に元の名詞で表されるようなモノが置かれているという状態を表現している。stain ならば汚れが付いている、ornament ならば飾りが置かれているといった場所の状態を表している。with で始まる前置詞句は、汚れがワインであるとか、飾りが噴水や滝であるというように、動詞に組み入れられているモノ(汚れ、飾りなど)についてより詳しく述べる働きをしている。これらの動詞は場所句交替のための「場所の状態」の条件は満たしているが、もう1つの条件のモノの「移動の様態」については特に表現されていない。そのために、上で見た通り、場所目的語構文しか許されないのである。全く同様なことが(12)の動詞についても当てはまる。
　(13)のような例からして、場所目的語構文では常に「場所全体に」という意味が表されているわけではなく、また場所目的語構文のみを取る動詞は「一杯に」のような意味を含むものだけに限定されるわけではないことが分かる。場所目的語構文で「場所全体に」と解釈されやすいのは、場所の状態に関心の力点が置かれているので、場所がクローズアップされ、場所に動作の結果が大きく及んでいると理解されやすいためであろうと思われる。「全体的」の解釈は、そうした意味が動詞の意味の一部として含まれている(12)の例のような動詞を除いて、「含意」(常に含まれている意味)ではなく「推意」(推測される意味)にほかならないものと考えられる。

✂5　なぜ 2 種類の構文が存在するのか

　モノ目的語構文と場所目的語構文とは完全に同義であるわけではなく、「移動の様態」と「場所の状態」のどちらに力点が置かれているかという点で相違していることが明らかになった。だがどちらの構文も「モノの場所への移動」という基本的に同じ出来事を表している。なぜ基本的に同じ出来事を表すのに 2 つの構文が存在するのかという問題を、少し広い観点から考えてみよう。

　1 つ 1 つの文は、実際には単独で用いられるのではなく、一連の話の流れ(談話)の中で用いられる。例えば marry という動詞は対称動詞と言われているので(36 頁)、John will marry Mary としても Mary will marry John としても、どちらの文も適格であり、ほぼ同じような意味を表している。しかし Mary graduates from university next spring(メアリーは、来春大学を卒業する)に続く文として、どちらも同じように適格であろうか。明らかに and then she will marry John と続ける方が、and then John will marry her と続けるよりも、話の流れが滑らかである。前文で話題になっている Mary のことを次の文の前の方に、しかも代名詞形で配置する方が文と文のつながりが滑らかになるからである。1 つの文を構成する要素を、その情報の種類に応じて適切に配列することを、「情報構造」を組み立てるという。

　情報構造を組み立てる上で重要となる概念として、これまでの研究で、さまざまな概念が提案されている。例えばすぐ上で見たように、既に話の流れの中に登場している情報を「旧情報」、登場していない情報を「新情報」と呼び、一般に旧情報の方が新情報よりも前に配置される。また代名詞(she や it)の方が完全な名詞句(Mary や a faithful dog)よりも前に現れやすい。同じ完全な名詞句でも、定冠詞などを含む定名詞句(the boy)の方が不定冠詞などを含む不定名詞句(a boy)よりも前の方に配置される。同じ定または不定の名詞句でも、人間を表すものの方がそれ以外の事物を表すものよりも前に置かれる傾向がある。同じ人間または事物を表す場合でも、使用頻度の高

いもの(boy や father)の方が低いもの(niece や grand-nephew)よりも前の方に生じやすい。短い／軽い語句(my uncle)の方が長い／重い語句(the brother of Jim's father)よりも文頭に近い位置に置かれる。それ以外にも、詳述は控えるが、背景・前景、なじみの深さなどさまざまな概念が提案されている。以下の＞は先行して生じやすいことを示す。

(14) a. 旧情報　＞　新情報
　　 b. 代名詞　＞　名詞句
　　 c. 定　　　＞　不定
　　 d. 人間　　＞　非人間
　　 e. 高頻度　＞　低頻度
　　 f. 軽い　　＞　重い
　　 g. 背景　　＞　前景
　　 h. なじみが深い　＞　なじみが浅い
　　 i. ....（その他）

　これらの概念はある程度互いに相関しているが同一ではない。例えば旧情報には定冠詞が付きやすいが、定冠詞は旧情報ばかりではなく、新情報であっても存在が1つだけのもの(the moon)、眼前に見えるもの(the door)、総称(the lion)などにも付く。高頻度の単語の組み合わせであっても長くなれば(the man that the girl said she would like to marry)重い語句となる。人間を表す名詞でも、定冠詞が付くこともあれば不定冠詞が付くこともあり、短い表現にもなれば長い表現の一部として生じることもある。
　また(14)に挙げられている概念は、談話の中で決まってくる(語用論上の)もの、意味論上のもの、統語論上のもの、認識論上のもの、使用頻度に関するもの、構造上のものなど、種々雑多である。
　これらの概念に共通するものは何であろうか。それは、「処理のしやすさ」という点であろうと考えられる。＞の左側のものは右側のものよりも、

話し手にとっても、聞き手にとっても処理しやすい情報である。既出のものであればそれによって何を指すのかはすぐに分かる。定冠詞が付くものであれば、既出のものであれ、唯一的なものであれ、眼前のものであれ、何を指しているのかすぐに分かる。高頻度の語句やなじみ深いものはすぐに意識に上る。軽い要素は、その構造を解析しなくてもすぐに処理することができる。**話者は、自分にとって処理しやすい情報から、あるいは聞き手にとって処理しやすいであろうと思われる情報から、処理しにくい情報へと、順番に配列していくのである。**文の中の情報の配列に関して、次のような原則があるものと考えられる。

(15) 情報構造の原則

　　　文の要素は、処理しやすい情報から、しにくい情報へと配列されていく。

　ではこの原則は、場所句交替構文の交替とどのように関連するのであろうか。場所句交替構文で、例えば「移動の様態」に関心の力点が置かれるということは、話者が「場所の状態」よりも「移動の様態」の方に関心を向けているとか、モノが先行文脈に現れていて、その移動の様態について詳しく述べる必要があると判断しているとか、モノは馴染みが深いが場所はあまり馴染み深くない、といったような場合である。そのような場合には、話者の意識には場所よりもモノの方が強く上がっており、聞き手もそれに関する情報を求めていると想定されるので、モノの方が場所よりも処理しやすい情報と言える。したがって、モノの「移動の様態」に関心の力点が置かれている場合には、(15)の原則に沿って、モノが場所に先行しているモノ目的語構文が用いられることになる。逆に「場所の状態」に関心の力点が向けられている場合には、同様の理由で、場所がモノに先行している場所目的語構文が用いられることになる。文脈や状況によって、「移動の様態」と「場所の状態」のどちらに関心の力点が置かれるかが異なり、その相違に対応できるように、モノ目的語構文と場所目的語構文の両方が用意されているのである。

本章で登場した用語と原語〈本文に当たり整理しておこう〉

場所句交替　　Locative alternation
モノ目的語構文　　Theme-object construction
場所目的語構文　　Locative-object construction
移動の様態　　manner of movement
場所の状態　　state of location
転換　　conversion
含意　　entailment
推意　　implicature
情報構造　　information structure
旧情報　　old information
新情報　　new information
処理しやすさ　　processability

テーマの要点

【テーマ1】
場所句交替できる動詞は、「モノの場所への移動」を表す動詞のうち、「移動の様態」と「場所の状態」の両方の意味を含む動詞に限られる。

【テーマ2】
モノ目的語構文ではモノの「移動の様態」に、場所目的語構文では「場所の状態」に、それぞれ関心の重点が置かれている。モノの「移動の様態」のみを表す動詞はモノ目的語構文のみを、「場所の状態」のみを表す動詞は場所目的語構文のみをとることができる。

【テーマ3】
文に現れる要素は、処理しやすい情報から処理しにくい情報へと配列される。そのために、動詞が構文交替の条件を満たしていれば、2つの補

部のどちらが「処理しやすい」かに基づいて、2つの異なった構文を作ることができる。

《第4章 練習問題》

1. 次の括弧の中に適当な語句を入れよ。
（1） 場所句交替ができる動詞には、（　　　　）と（　　　　）の意味が含まれている。
（2） 場所句交替ができる動詞は、（　　　　）と（　　　　）の2つの構文を取ることができる。
（3） モノ目的語構文では（　　　　）に力点が置かれ、場所目的語構文では（　　　　）に力点が置かれる。
（4） モノ目的語構文のみしか取れない動詞は、（　　　　）の意味を含んでいるが、（　　　　）の意味が含まれていない。
（5） 情報は（　　　　）から順に配列される。

2. 次の(a)(b)それぞれについて、(i)モノ目的語構文か場所目的語構文であるか、(ii)関心の力点が「移動の様態」、「場所の状態」のどちらに置かれているか、述べよ。
（1） a.　He spread paint over the fence.
　　　b.　He spread the fence with paint.
（2） a.　He piled the books on the stool.
　　　b.　He piled the stool with the books.

3. 次の文は文法的な文だろうか、非文法的な文だろうか。文法的である文には○、非文法的である文には×を付けよ。非文法的である文については、その理由を本文の説明に沿って述べよ。
（1） a.　She rolled the cart to the park.
　　　b.　She rolled the park with the cart.
（2） a.　The typhoon drenched muddy water into the houses.
　　　b.　The typhoon drenched the houses with muddy water.

（3）a.　She sewed the buttons on a skirt.
　　 b.　She sewed a skirt with the buttons.

4. 次の動詞について、モノ目的語構文と場所目的語構文を取ることができるか、両方取れないとすればどちらの構文を取れるか予測せよ。
（1）　spray　　（2）　wrap　　（3）　dip　　（4）　pave　　（5）　surround

5. 次の(1)では load がモノ目的語構文を、(2)では場所目的語構文を取っている。(1)(2)の文脈ではそれぞれの構文がふさわしい理由を説明せよ。
（1）　The Sergeant started up the jeep and we entered the cornfield at speed, heading in the direction of the first three canisters. We *loaded* the first two into the trailer, and were heading a few yards further to pick up a third canister when we noticed that the enemy fire was now being directed at our part of the cornfield.
（2）　Joey turned the van over to Seth, and they both drove for a while, until Seth motioned for Joey to pull over. ... Late that night, they returned to Suzy's to show her Joey's gift. She took in the scene and told Seth it was time they straightened out. She said an ex-boyfriend had a house across Lake Pontchartrain they could use for the weekend. Suzy and Seth *loaded* the van with food and clothes for the country.

6. 本文で、stain、ornament、block などは、元来名詞であった語が動詞に「転換」したモノであることを見た。次の文に現れている動詞も、名詞から転換した動詞である。(1)に現れている動詞は共通して、stain などと意味的にどのように異なるだろうか。
（1）a.　He kenneled the dog.
　　 b.　She shelved books.
　　 c.　He leashed the dog.

第5章　与格交替

【テーマ1】
give のような動詞は、(1a)と(1b)のように交替することができる。このような交替を与格交替と呼ぶことにしよう。

(1) a.　He gave the money to the girl.
　　b.　He gave the girl the money.

　(1a)のように、動詞の後ろに「名詞句 – 前置詞句」と続くのは、前章の場所句交替の構文でも見たように、英語の文型として一般的である。だが(1b)のように名詞句が2つ続くのは、英語の文型として特殊である。この特殊性はどこに由来するのだろうか。

【テーマ2】
(2)の動詞 donate は(1)の give と同じように「保有物の受け渡し」を表している。だが donate の場合、give のように与格交替ができない。また(3)の pull も与格交替ができない。

(2) a. He donated the money to the girl.
　　b. *He donated the girl the money.
(3) a. He pulled the shopping cart to his wife.
　　b. *He pulled his wife the shopping cart.

どのような条件を満たしていれば与格交替ができるのであろうか。また、(2)と(3)で交替ができない理由は同じだろうか。

【テーマ3】
(4)のkick も、(1)のgive と同様に、与格交替ができる。(1)と(4)のどちらでも、(a)と(b)は同じ意味であろうか。

(4) a. He kicked the ball to the midfielder.
　　b. He kicked the midfielder the ball.

�֎1　なぜ2つの名詞句が動詞に続くのか

　上記(1b)には、動詞の後ろに2つの名詞句が並んでいる。動詞の後ろに生じる名詞句を、通常「目的語」と呼ぶので、(b)のように目的語が2つ現れている文を、**二重目的語構文**と呼んでいる。2つの目的語を区別する上で、1番目の目的語を間接目的語(IO)、2番目の目的語を直接目的語(DO)と呼ぶことがある。

　動詞の後ろに名詞句が2つ生じるのは、英語の構文としてきわめて特殊である。動詞の後ろに補部が2つ生じる時には、一般的に、一方が名詞句で他方が前置詞句(または一方が名詞句／前置詞句で他方が節、あるいは両方が前置詞句)になる。例えば前章で見た場所句交替では、モノが名詞句で生じれば場所は前置詞句で現れ、逆に場所が名詞句で生じればモノは前置詞

句で現れる。

　二重目的語構文の特殊性は、英語の歴史的変遷に由来する。古英語(450〜1100年頃の英語)では、主格(主語を表す格)、対格(動作の対象を表す格)、与格(与えられる人を表す格)など名詞の格の違いが語形変化(格変化)としてはっきりと示されていた。そのために、格に基づく語形変化の点から、どの名詞句がIOで、どの名詞句がDOであるかが判別できた。2つの名詞句が「IO – DO」という語順で現れても、逆に「DO – IO」という語順で現れても、与格の名詞句はIO、対格の名詞句はDOという具合に、格変化の点からIOとDOを区別することができたのである。

　ところが中英語(1100〜1500年頃の英語)になると格変化が次第に退化していき、格変化の点からは名詞句がIOであるかDOであるかを判別しにくくなってきた(現代英語では、普通名詞に格変化が見られないことや、辛うじて格変化が残っている人称代名詞でも、me、him、herなどはIOとしてもDOとしても用いられる点などを参照)。そこで、この頃から「DO – IO」という語順では、IOが格変化の代わりに前置詞toを伴って前置詞句で現れ、DOが動詞の直後に名詞句として現れる型——すなわち、(1a)の構文(V – DO – *to* IO)——に変化していった。前置詞toはかつての与格を表す働きをしているので、IOがtoを伴っている(1a)の構文を**与格構文**と呼ぶ。

　古英語のもう一方の「IO – DO」という語順はそのまま固定して残存し、IOとDOが共に名詞句のままで現れている。これが(1b)の二重目的語構文(V – IO – DO)である。以上のことを、(5)のようにまとめることができる。

（5）古英語　V　—　DO　—　IO　　　V　—　IO　—　DO
　　　　　　　　［対格NP］［与格NP］　　［与格NP］［対格NP］
　　　　　　　　　　　↓　　　　　　　　　　　　↓
　　中英語　V　—　DO　—　*to* IO　　　V　—　IO　—　DO
　　以降　　　　［NP］　　［PP］　　　　　　［NP］　　［NP］
　　　　　　　〈与格構文〉　　　　　　　〈二重目的語構文〉
　　　　　例：give books to Mary　　　　give Mary books
　　　　　　　　　　　　（V＝動詞、NP＝名詞句、PP＝前置詞句）

　二重目的語構文では、名詞句がIOであるかDOであるかは語順から判別する以外にない。そのために二重目的語構文の語順は固定的である。このことは、例えば、与格構文(6)ではDOもIOも疑問詞として文頭に移動できる(疑問詞で質問できる)が、二重目的語構文(7)ではVとDOに挟まれたIOを疑問詞として文頭へ移動することができないことからも明らかであろう。

（6）a.　John gave the book to Mary.　　　　　　　　　（与格構文）
　　　b.　What did John give ___ to Mary?
　　　c.　Who did John give the book to ___?
（7）a.　John gave Mary the book.　　　　　　　　　（二重目的語構文）
　　　b.　*Who did John give ___ the book?
　　　c.　What did John give Mary ___?

✖2　二重目的語構文の条件

　二重目的語構文は古英語の残存なので、一般的に、この構文を取れる動詞——与格動詞と呼ぼう——は**古英語の時代から英語の単語であった動詞（本来語動詞）に限られ**、中英語の時代に主にフランス語から借用された動詞

(ラテン語系動詞)はこの構文を取りにくい傾向がある。フランス語には二重目的語構文に相当する構文がないからである。下記(8)–(11)の(a)と(b)の動詞はよく意味が似ているが、(a)は本来語動詞、(b)はラテン語系動詞であり、二重目的語構文が可能なのは(a)の本来語動詞である。なお、本来語動詞は、1つの目安として、単音節で、過去形・過去分詞形が不規則変化となるものが多い。

(8) a. He {gave / leased(賃貸する) / lent / loaned(貸しつける) / sold} his friends the rare books.
    b. *He {contributed(寄付する) / distributed(分配する) / donated(寄付する) / returned} his friends the rare books.
(9) a. He {kicked / pitched / threw / tossed} his friend the ball.
    b. *He {pelted(投げつける) / released(放つ) / showered(浴びせる)} his friend the ball.
(10) a. She {asked / showed / taught / told / wrote} her sister the problem.
     b. *She {addressed(話しかける) / confessed / described(述べる) / explained / suggested} her sister the problem.
(11) a. She {forwarded(転送する) / handed / posted(郵送する) / sent / shipped(船で送る)} Jim letters.
     b. *She {conveyed(運ぶ) / delivered(配送する) / submitted(提出する) / transported(輸送する)} Jim letters.

このように動詞の語源が二重目的語構文に大きく関係しているということは、際立った傾向であるが、例外も多々ある。pass(受け渡す)、render(与える)、rent(賃貸する)、refund(払い戻す)などはgiveと類似した意味を表すラテン語系の動詞であるが、二重目的語構文を取ることができる。またpromise(約束する)、bequeath(遺贈する)、assign(割り当てる)、guarantee(保証する)、award(授与する)のような、将来の受け渡しを意味する動詞も

フランス語からの借用語であるが、二重目的語構文に現れる。情報伝達を表す quote(例や典拠を示す)、relay(中継して伝える)などもラテン語系の動詞だが二重目的構文を取ることができる(これらのラテン語系の動詞が、なぜ二重目的語構文を例外的に取れるかについては、2つの構文の意味を見たのちに 84–85 頁で立ち戻る)。

また、e-mail、fax、radio、telephone、telegraph(いずれも、「〜で送る」)のような、現代になって用いられるようになった動詞も、二重目的語構文を取ることができる。

二重目的語構文は、(7)で見たような統語の点ばかりではなく、意味の点でも固定的であり、(他の構文に比べると)構文特有の意味が読み取れる。基本的に**「主語の人から IO の人へのモノの受け渡し」**という意味を表している。この構文を取る動詞は、受け渡されるモノの種類によって、表1のように、いくつかの下位グループに分けることができる。

表1　モノの種類に基づく与格動詞の分類

受け渡されるモノ	動詞の例
A. 保有物	assign, award, bequeath, feed(食物を与える), give, render, lend, loan, promise, sell, serve, trade, pay, ...
B. 動体	hit, hurl(投げつける), kick, pass, pitch, shoot, smash(投げつける), throw, toss, ...
C. 情報	ask, read, relay, teach, tell, write, quote, ...
D. 移送物	forward, hand, post, send, ship, smuggle(密輸する), ...

(A)–(D)の各種の受け渡されるモノは、「モノ」という包括的な意味役割の下位分類である。

(A)の動詞は授受動詞とか、所有変化動詞などと呼ばれることがあるが、lend や loan などでは所有権が移るわけではない。(B)の「動体」とは、ボールや石など動きながら空間を移動するモノのことを指す。(C)はことばによ

る情報伝達を表す動詞であるが、shout(大声で叫ぶ)、shriek(金切り声で言う)、grunt(ぶつぶつ言う)、whisper(ささやく)のような伝達の様態を詳しく述べる伝達動詞は二重目的語構文が取れない。

下記(12)に含まれている carry(運ぶ)、pull(引っ張っていく)、push(押していく)などは、意味が(D)の動詞とよく似ており、しかも pull などは本来語の動詞であるが、二重目的語構文に交替することができない。これは、(D)の動詞では、移送物が主語によって表される送り手の手元を離れて移動していく(移送する)のに対して、(12)の動詞では、主語の人がその移送物と一緒になって(随伴して)搬送していく。これらの動詞では、主語の人から別の人への**「移送物の受け渡し」**という二重目的語構文を取る動詞の意味に微妙に該当しないために、二重目的語構文に交替することができない。

(12) a.　John {carried / pulled / pushed} the luggage to Mary.
　　 b.　*John {carried / pulled / pushed} Mary the luggage.

✗3　二重目的語構文と与格構文は同じ意味であるのか

よく、二重目的語構文と与格構文は同じ意味を表しており、相互に書き換える(交替する)ことができると言われる。だが常に「相互に交替できる」わけでないことは、すぐ上で見た(12)の例からも明らかである。さらに(8)–(11)の(b)で用いられているラテン語系動詞は、二重目的語構文を取ることはできないが、与格構文ならば可能である。

では、「2つの構文が同じ意味を表している」というのは正しいのだろうか。「動体の受け渡し」を表す(13)と「移送物の受け渡し」を表す(14)の、(a)と(b)を比較してみよう。

(13) a.　He threw the ball to {Mary / second base}.
　　 b.　He threw {Mary / *second base} the ball.

(14) a. He sent the package to {Mary / the city of Tucson}.
　　 b. He sent {Mary / *the city of Tucson} the package.

どちらの場合でも、(a)の与格構文ではto に続く名詞句（前置詞 to の目的語）が人でも場所でもよいが、(b)の二重目的語構文ではIO が人に限られる。二重目的語構文のIO が人に限られるのは、既に見たとおり、IO が、受け渡しされるモノを受け取る人、すなわち「受け取り手」の働きを担っているからである。一方、(a)の与格構文で前置詞の目的語が人でも場所でもよいことからすると、to 前置詞句は「受け取り手」ではなく、移動するモノが向かっていく「到達点」（より正確には、到達点に向けての「方向」）を表しているものと考えられる。到達点は、人のこともあれば、場所や地名のこともあり得る。「受け取り手」はモノを受け取ったことを暗に意味する（64頁で触れた用語を用いるならば、「推意」する）が、「到達点（の方向）」にはそうした意味合いがない。「受け取り手」と「到達点」は別個の意味役割と見なせる。

　これに対して、(15)のような「保有物の受け渡し」や(16)のような「情報の受け渡し」を表す動詞の場合には、与格構文の前置詞 to の目的語も、二重目的語構文の IO も、人に限られる。したがって、どちらも「受け取り手」の役割を果たしていると考えられる。

(15) a. John sold the hybrid car to {Mary / *London}.
　　 b. John sold {Mary / *London} the hybrid car.
(16) a. Susan told the story to {villagers / *villages}.
　　 b. Susan told {villagers / *villages} the story.

　(13)(14)の「動体の受け渡し」「移送物の受け渡し」と(15)(16)の「保有物の受け渡し」「情報の受け渡し」との間で to 前置詞句の意味役割が異なることは、(17)のような例からも明らかであろう。to 前置詞句に相当する部

分を疑問詞で質問する場合、(13)(14)では場所の疑問詞 where で問うことができるが((17)の(a)(b)参照)、(15)(16)では where で問うことができない((17)の(c)(d)参照)。次例の最初の文は、to 前置詞句に相当する部分を疑問詞 where で問う疑問文、その右側はその疑問文に対する答えを示している。

(17) a. Where did he throw the ball? To second base. / To the second baseman.
　　b. Where did he send the package? To Tucson. / To his friend in NY.
　　c. *Where did he sell the hybrid car? To Mary.
　　d. *Where did he tell the story? To villagers.

　一方、二重目的語構文の IO を問う時には、どのグループの場合でも、場所の疑問詞 where を用いることができずに、人を問う疑問詞 who(m) に限られる。既に(7)で見たように二重目的語構文の IO を疑問詞にして文頭に持ってくることはできないので、代わりに疑問詞が移動せずに文中に留まる「クイズ疑問文」について見てみよう。

(18) a. He kicked {whom / *where} the ball?
　　b. He sent {whom / *where} the luggage?
　　c. He sold {whom / *where} the car?
　　d. He told {whom / *where} a story?

　いずれのグループでも、IO を問うのに、人を表す疑問詞 whom に限られる。二重目的語構文の IO は、どのグループでも「受け取り手」を表しているからである。
　二重目的語構文を取る動詞(与格動詞)のうち、(A)の「保有物の受け渡し」と(C)の「情報の受け渡し」グループでは、IO が与格構文と二重目的語構文のどちらでも「受け取り手」であるので、**両構文とも、受け取り手による受け取り**という同じ意味を表している。これに対して、(B)の「動体の

受け渡し」と(D)の「移送物の受け渡し」グループでは、**与格構文と二重目的語構文との間で IO の役割が異なる**(与格構文では到達点、二重目的語構文では受け取り手)ので、構文全体の意味も、与格構文では到達点へ向かう移動、二重目的語構文では受け取り手による受け取りという異なる意味を表している。

表2 IO と DO の意味役割

IO と DO の意味役割 受け渡されるモノ	二重目的語構文(IO + DO)			与格構文(DO + to IO)	
	IO の意味役割	DO の意味役割		DO の意味役割	IO の意味役割
A. 保有物	受け取り手	モノ	=	モノ	受け取り手
B. 動体	受け取り手	モノ	≠	モノ	到達点
C. 情報	受け取り手	モノ	=	モノ	受け取り手
D. 移送物	受け取り手	モノ	≠	モノ	到達点

受け取り手は受け渡されるモノを受け取ったと理解するのが自然であるので、(A)の「保有物の受け渡し」と(C)の「情報の受け渡し」のグループでは、二重目的語構文でも与格構文でも、受け渡しが成立したと推測(「推意」)されやすい。そのために、受け渡しの不成立を表すような内容の文が続くと不自然になる(但し、(A)グループの中でも promise や guarantee などは「将来的な」受け渡しを意味するので、どちらの構文でも、受け渡しの成立を推意することはない)。

(19) a. ?I gave the book to John, but he has never had it.

　　　b. ?I gave John the book, but he has never had it.

(20) a. ?I told a story to my children, but they could not hear it at all.

　　　b. ?I told my children a story, but they could not hear it at all.

　cf. a.　Mary promised her old car to Catherine, but then gave it to her son instead.

b. Mary promised Catherine her old car, but then gave it to her son instead.

　一方、(B)の「動体の受け渡し」と(D)の「移送物の受け渡し」グループでは、受け渡しの推意の成り立ちやすさに、2つの構文の間で微妙な違いがある。二重目的語構文では、IOが「受け取り手」であり、モノを受け取ったと推意されやすいが、与格構文ではIOが「到達点(の方向)」であり、モノを受け取ったとは推意されにくい。そのために、与格構文の(21)(22)の(a)では、受け渡しが不成立である(あるいは、不成立になるような)ことを表す内容の文が続いたとしても、余り不自然にはならない。

(21) a.　He threw the ball to the catcher, but a bird got in the way.
　　 b.　?He threw the catcher the ball, but a bird got in the way.
(22) a.　He sent a letter to Mary, but a mailman lost it on the way.
　　 b.　?He sent Mary a letter, but a mailman lost it on the way.

　ただし、(19)-(22)の例は、受け渡しの成立についての「推意」を示しているに過ぎない。推意であるのだから、話者によって、また後続する文の内容によっても、判断が揺れ動くことある(この点では、64頁で見た場所目的語構文の「一杯に」の推意と同様である)。例えば、(A)グループのhandのような場合でも、受け取り手が受け取る意志がなければ受け渡しが不成立になり得る。したがって、Mary handed her a cigarette, but she wouldn't take it のように、受け渡しの成立を否定するような内容の文が後続したとしても矛盾が生じない。同様に(C)グループのteachのような場合でも、教え手が教えたとしても受け取り手の方に学習の意欲や能力がなければ、teachしたことが直ちに受け取り手によって受け取られた(学ばれた)とは限らないので、I taught the children French, but they didn't learn it at all のように、受け渡しの成立を否定するような内容の文が後続したとしても不自然にはならない。

IOが受け取り手の場合には、受け渡しの成功の推意が成り立ちやすいというまでのことであり、必ずしもそれを含意する(意味の一部として含む)というわけではない。

✂4　二重目的語構文を取るラテン語系動詞

　77–78頁で、二重目的語構文の一般的傾向である「本来語動詞の原則」に反して、render(与える)や、pass(受け渡す)、rent(賃貸する)、promise(約束する)、award(授与する)などのラテン語系の動詞が、二重目的語構文を取れることを見た。これらの動詞は、(A)の「保有物の受け渡し」を表すグループの動詞である。またquote(例や典拠を示す)、relay(中継して伝える)などのラテン語系動詞も、二重目的語構文を取ることができる。これらの動詞は、(C)の「情報の受け渡し」のグループの動詞である。(A)の「保有物の受け渡し」と(C)の「情報の受け渡し」のグループでは、上で見た通り、二重目的語構文と与格構文が同じ意味を表していることに注目すべきである。

　さらに興味深いことに、従来二重目的語構文を取らないとされているdonateやdistribute、return、またexplainやsuggest、confess(いずれもラテン語系)なども、日常的な発話やくだけた文章では二重目的語構文を取ることがある。これらの動詞も、(A)の「保有物の受け渡し」または(C)の「情報の受け渡し」のグループの動詞である。次例はGoogleで見つけた用例である(類例がPinker(1989)でも指摘されている)。

(23) a. Do not donate him money.
　　 b. (They) distributed him nearly all their own pocket money.
　　 c. Can someone explain me the rating system please?
　　 d. She has never confessed him her love.

与格構文と二重目的語構文のどちらの構文でも「受け取り手によるモノの受け取り」を表す場合には、換言すれば、両構文が同義関係である場合（(A)、(C)の場合）には、語源や従来の用法にとらわれずに、両構文の間の交替（与格交替）を許容しようとする傾向があると言える。こうした傾向は、特に、間接目的語が代名詞のように、後続する直接目的語よりも「軽い」要素の場合に強い。

　与格構文と二重目的語構文の交替をする与格動詞の例として give や sell のような「保有物の受け渡し」を表す動詞の例がよく用いられるために、与格動詞全般に関して、与格構文と二重目的語構文が同じ意味を表しているとか、交替が自由にできるなどと考えられがちだが、これは必ずしも正しくない。交替ができない動詞もあれば、できるとしても2つの構文の間で意味が異なるような動詞もある。

本章で登場した用語と原語〈本文に当たり整理しておこう〉

与格交替　Dative alternation
二重目的語構文　Double Object construction
与格構文　Dative construction
直接目的語　direct object
間接目的語　indirect object
与格　dative case
対格　accusative case
本来語動詞　native verb
ラテン語系動詞　Latinate verb
保有物・動体・情報・移送物の受け渡し
受け取り手　Recipient

テーマの要点

【テーマ1】
動詞の後ろに名詞句が2つ続く二重目的語構文は、名詞句の文法関係が格変化によって示されていたOEの時代の名残りであり、「動詞 – IO – DO」という語順で固定化したものである。

【テーマ2】
与格交替ができるのは、原則的に、本来語動詞に限られる。二重目的語構文の基本的な意味は、「主語から間接目的語へのモノの受け渡し」であり、本来語動詞でも、この意味から外れる場合には、二重目的語構文を作ることができない。

【テーマ3】
与格交替できる動詞のうち、意味役割の組み合わせが行為者、受け取り手、モノの場合(つまり、モノが「保有物の受け渡し」、「情報の受け渡し」の場合)には、与格構文と二重目的語構文の意味が基本的に同じである。一方、与格構文の意味役割の組み合わせが行為者、到達点、モノであり、二重目的語構文の意味役割の組み合わせが行為者、受け取り手、モノであるような場合(つまり、モノが「動体の受け渡し」、「移送物の受け渡し」の場合)は、2つの構文が同義ではない。

《第5章　練習問題》

1. 次の括弧の中に適当な語句を入れよ。
（1）　一般的に、(　　　　)の動詞は二重目的語構文を取れるが、(　　　　)の動詞は与格構文のみしか取れないという際立った傾向が見られる。
（2）　二重目的語構文は共通して(　　　　)という意味を表している。
（3）　二重目的語構文を取る動詞は、受け渡されるモノの種類に基づいて、(　　　)、(　　　)、(　　　)、(　　　)の4種類に分類される。
（4）　これら4種類のうち、与格構文と同じ意味を表すのは(　　　)と(　　　)であり、(　　　)と(　　　)では意味が異なる。
（5）　意味が異なる2つのグループの場合、二重目的語構文では(　　　)という意味を表すのに対して、与格構文では(　　　)という意味を表す。

2. 本文(8)–(11)の(b)のラテン語系の動詞は、二重目的語構文になることはできないが、与格構文になることはできる。(8)–(11)の(b)を与格構文に変えよ。

3. 次の例文はいずれも、形の点からすると二重目的語構文と同じである。二重目的語構文と意味の点でどのように異なるだろうか。与格構文に交替できるだろうか。
（1）a.　I envy you your success.
　　　b.　This dress cost me $2,000.
　　　c.　The dean appointed John the chairman of the committee.

4. 与格交替構文には、本文で見たような与格構文にto前置詞句が現れるもののほかに、下記(1)のようにfor前置詞句が現れるものもある。

(1) a. He built a new house for his son.
    b. He built his son a new house.

このような交替ができる動詞は、いくつかの意味グループに分類できるが、buildと同じグループに属する動詞として、このほかに、cook、knit、make、design、compose(music)、draw(a picture)、paint(a picture)などがある。このグループの動詞は共通して、どのような意味を表しているだろうか。また、間接目的語(IO)の意味役割も、本文で言及されたものとは異なる。どのような意味役割を与えたらよいだろうか。(1a)に現れている前置詞を参考にせよ。

5. 次の(1)(2)で、与格構文(a)と二重目的語構文(b)のどちらの方が自然であろうか。第4章の(15)で見た「情報構造の原則」に照らし合わせて説明せよ。

(1) a. He threw the ball to her.
    b. He threw her the ball.
(2) a. He threw it to Mary.
    b. He threw Mary it.

6. 「受け渡されるモノ」が「保有物」と「情報」の場合にはIOが「受け取り手」、「動体」と「移送物」の場合には「到達点」であると区別した。「到達点」であるならば「出発点」と対を成すはずである。次の文に「出発点」を表す句を加えて、文法的であれば○、非文法的であれば×を付けよ。

(1) a. He sold the car to the gentleman.
    b. He threw the ball to third base.
    c. He wrote the letter to his friend in NY.
    d. He sent the baggage to his father's house.

第6章　自動詞・他動詞の交替

【テーマ1】
第2章で、(1)のように、同じ動詞が他動詞としても自動詞としても用いられることに触れた。これを自他動詞交替と呼ぶことにしよう。どのような動詞が、自他動詞交替を起こすのだろうか。

(1) a.　The pirates sank the ship under the water.
　　b.　The ship sank under the water.

【テーマ2】
下記(2)では自動詞が他動詞として用いられることがなく、逆に(3)では他動詞が自動詞として用いられることがない。なぜこれらの動詞は自他動詞交替を起こさないのだろうか。

(2) a.　The students sang loudly.
　　b.　*The teacher sang the students loudly.
(3) a.　The students learn the foreign language.
　　b.　*The foreign language learns.

【テーマ3】
下記(4a)と(5a)は、第4章で見た場所句交替に関しては同じ振る舞いを示す(すなわち、場所目的語構文のみが可能である)が、自他動詞交替に関しては異なる。自他動詞交替には、テーマ1および2で見る条件以外にどのような条件が課せられているのだろうか。

（4）a.　He filled the glass with wine.
　　　　cf. *He filled wine into the glass.
　　　b.　The glass filled.
（5）a.　The police blocked the path with the rock.
　　　　cf. *The police blocked the rock on the path.
　　　b.　*The path blocked.

✂1　どのような動詞が自他動詞交替できるのか

　(1)で例示した自他動詞交替の例をもう少し見てみよう。こうした交替を起こす動詞には、何か共通した点があるだろうか。

（6）a.　He dropped the bottle on the floor.
　　　b.　The bottle dropped on the floor.
（7）a.　She hangs the picture on the wall.
　　　b.　The picture hangs on the wall.
（8）a.　The storm broke the window.
　　　b.　The window broke.
（9）a.　He dried the clothes.
　　　b.　The clothes dried.

(10) a. They started the meeting at 2 o'clock.
   b. The meeting started at 2 o'clock.
(11) a. They ended the discussion at last.
   b. The discussion ended at last.

　(6)の drop は上方の位置から下方への移動、(7)の hang は壁から離れた所から壁に接した所への移動——どちらも位置の移動を表している。(8)の break は破損のない状態から破損した状態への変化、(9)の dry は濡れた状態から乾いた状態への変化——どちらも形状・物性の変化を表している。(10)の start は出来事の開始、(11)はその終了を表しており、出来事の終始の推移を表している。いずれも、**位置や、形状・物性、終始など、広い意味での状態変化**である。また、自他動詞交替をする動詞の意味は、一般的に、自動詞用法では「モノがある状態になる」ことを表し、一方その他動詞用法は、主語である行為者が、自動詞用法によって描かれる「モノがある状態になる」という事態を引き起こす(cause)、といった使役的な内容を表している。

　状態変化というと、第 2 章で扱ったナル動詞のことを思い出すことであろう。ナル動詞の例をもう 1 度見てみよう。ここでいう広い意味での状態変化というのは、(12c)の形状・物性の変化(状態変化)に加えて、(12b)の位置の移動や(12d)の終始の推移を含めたものを意味する。

(12)　ナル動詞
　　a.　存在変化：appear, arise, arrive, emerge, exist, happen, occur, remain, …/ die, disappear, vanish, …
　　b.　位置変化：drop, fall, float, glide, move, rise, sink, slide, …/ hang, sit, stand, …
　　c.　状態変化：break, collapse, dry, freeze, grow, melt, open, shut, …
　　d.　終始変化：begin, end, start, stop, …

ナル動詞の4つのグループのうち、(a)の存在変化(存在と出現)を除いて、(b)–(d)の動詞が自他動詞交替をすることができる。例文(1)(6)(7)は(12b)の位置変化の例、例文(8)(9)は(12c)の状態変化の例、例文(10)(11)は(12d)の終始変化の例である。

　ナル動詞の自動詞用法は、上述の通り、「モノがある状態になる」ことを表しており、他動詞用法は「行為者が、モノがある状態になるようにする」ことを表している。例えば(1)の sink であれば、自動詞用法は船が沈んでいる状態になることを表し、他動詞用法は行為者((1)では海賊)や自然の力が働きかけることによって、そうした状態を引き起こすことを表す。(9)の dry であれば、自動詞用法は衣類などが乾燥した状態になることを表し、他動詞用法は行為者がアイロンをかけるとか太陽の光の働きかけで、そうした状態になるようにすることを表す。**状態変化動詞によって表される内容は、行為者や自然の力、道具など、外からの働きかけが原因になってもたらされる状態の変化である。外からの働きかけを行う行為者などは、明示的に示すことも、示さずにしたままにしておくこともできる。**特に、事態が自然の力や自然の成行(なりゆ)きで生じる可能性があるような場合には、行為者を表面化させずに影を潜めたままにしておくことができる。行為者などが明示されれば他動詞用法に、明示されなければ自動詞用法になる。

　第2章で見た通り、ナル動詞のD構造は(13)に示すように、主語の位置(外項の位置)が空であるような構造である。その位置を埋めるために、目的語の位置にあるモノが主語の位置へと移動していく。その結果、動詞は自動詞用法となり、主語は本籍と現住所が異なる表層主語となる。

(13)　　　　〈主語の位置〉　　　〈目的語の位置〉
　　　　　　[　　　]　動詞　　　モノ

(13)のD構造では、主語の位置(外項の位置)が空なので、その位置に外項

として行為者が現れる余地が残っており、その位置に行為者が生じたものが他動詞用法である。

状態変化を表す動詞として、状態(特に一時的状態)を表す形容詞が自動詞として用いられる(つまり、形容詞から動詞に転換された)例がある。例えば、cool(冷たくなる)、dry(乾く)、empty(空になる)、thin(薄くなる)、warm(温まる)などがそうした例である。また、deepen(深くなる)、flatten(平らになる)、sharpen(鋭くなる)、thicken(厚くなる)、widen(広がる)のように、状態を表す形容詞に動詞化接辞 -en を付けて自動詞となる例もたくさんある。こうした形容詞から派生した自動詞も、他動詞として用いることができる。

(14) a. The metal cooled gradually.
　　 b. He cooled the metal gradually.
(15) a. The milk is warming.
　　 b. She is warming the milk.
(16) a. His knowledge has widened.
　　 b. He has widened his knowledge.

(14)–(16)の(a)の自動詞用法では、モノが形容詞で表されている状態になることを、一方(b)の他動詞用法では、主語の行為者がそのような事態を引き起こすことを、それぞれ表している。(14)–(16)のように、状態を表す形容詞から派生した動詞は状態変化を表しており、これらの動詞が自他交替を示すのは、「状態変化を表す動詞が自他動詞交替できる」という一般性からして、正しく予測されるところである。

✷2　他動詞用法を持たないナル動詞

ナル動詞の中で、なぜ(12a)の存在変化の動詞は他動詞と交替しないのだ

ろうか。他のナル動詞とどのような点で異なっているのだろうか。

　すぐ上で見た通り、自他交替が見られるナル動詞(広い意味での状態変化動詞)は、外からの働きかけや力の行使によってもたらされる状態変化を表している。それに対して存在変化(存在や出現)動詞が表している内容は、そうした外からの力の働きかけによってもたらされるものではない。誰かの働きかけや外からの力の行使によって、(17a)のように酸素が存在するわけではないし、(18a)のように太陽が出現するわけでもないし、(19a)のように不運が発生するわけでもない。他からの働きかけとは関係なしに自然に成り立つようなモノの存在・出現を述べている。

(17) a.　Oxygen exists on the planet.
　　 b.　*The genius exists oxygen on the planet.
(18) a.　The sun appeared above the horizon.
　　 b.　*God appeared the sun above the horizon.
(19) a.　Misfortune happened to him.
　　 b.　*The enemy happened misfortune to him.

　(1)、(6)–(11)、(14)–(16)で見たように、状態変化動詞が他動詞で用いられる場合には、一般に主語として行為者が現れる。行為者は「意図的に行為を行う人」(第1章(4)を参照)であるのだから、自然に成り立つような存在変化を表すナル動詞とは一緒に起こることはあり得ない。そのために存在変化のナル動詞は、行為者や自然の力が主語として現れる他動詞用法として用いられることがないのである。

　興味深いことに、下記(20)では(1)と同じ sink が、(21)では(11)と同じ end が、それぞれ用いられている。しかしながら、他動詞と交替することがない。

(20) a. The sun sank behind the hill.
　　 b. *Nature sank the sun behind the hill.
(21) a. A year ends on December 31.
　　 b. *The priest ends a year on December 31.

　これは、(20a)(21a)の内容では、ナル動詞が、外からの働きかけによって成立するような状態変化というよりも、「隠れる」とか「終わりになる」といったモノの存在から不在への変化を表しており、存在の変化のナル動詞として用いられているためであると考えられる。

✻3　スル動詞は他動詞になれない

　今度は、もう1種類の自動詞、スル動詞が、他動詞に交替できるか考えてみよう。第2章で、スル動詞の例として次のような動詞を挙げた。

(22)　スル動詞
　　 a.　運動行為：dance, go, listen, run, swim, walk, work, ...
　　 b.　発声行為：cry, grumble, scream, shout, talk, ...
　　 c.　表情行為：laugh, sigh, smile, ...
　　 d.　生理現象：breathe, cough, dream, sleep, sneeze, snore, ...

　下記(23)-(26)の例からも明らかなように、スル動詞は他動詞になることができない。

(23) a. The boy swam in the river.
　　 b. *The teacher swam the boy in the river.
(24) a. John talked about the story.
　　 b. *We talked John about the story.

(25) a. The baby smiled.
　　b. *Mother smiled the baby.
(26) a. The girl sneezed.
　　b. *The doctor sneezed the girl.

　スル動詞は、主語の行為者が自分の意志や感情など内発的な力でもって、動詞で描かれている動作を行うことにより、その行為が成り立つような内容を表す動詞である。例えば swim であれば主語が泳ぐという動作を行うことによって swim という行為が成り立ち、talk であれば語るという動作を行うことによって talk という行為が成り立つ。そうした動作は、行為者が自らの内発的な力を働かせてはじめて行われるものであり、行為者がその動作をコントロールしている。そのためにスル動詞では、その動作の行為者とは別に新たな行為者を付け加えて、他動詞にすることができないのである(さらに、第2章の(12)で見た通り、スル動詞のD構造では外項の位置が既に真性主語で埋まっているので、その位置に行為者などが別の外項として生じる余地がない点にも留意せよ)。
　この説明からすると、スル動詞が表す動作の担い手が、自らの内発的力を行使しない「モノ」である場合には、他動詞に交替できるものと予想される。事実 swim や work、dance、walk などは通常スル動詞であるが、(27)の実例では、その行為の担い手が家畜や自転車などであり、自分でコントロールすることができないモノと見なされる。そのために行為を「強いる」行為者が新たに加わり、他動詞として用いられている。

(27) a. Napoleon swam horses in competition.
　　b. He worked horses and cows.
　　c. "Look at the dancing animals," Brooke said as she danced animals on the rim of the crib.
　　d. Please walk your bike.(「自転車は(乗らずに)引いて」というキャンパス内の看板)

　これまで自他動詞交替の可能性をナル動詞・スル動詞の区分に沿って説明してきたが、随所で「外からの力」とか「内発的な力」という概念を用いてきた。これは Levin and Rappaport Hovav (1995) で提案されている「外的原因」「内的原因」という区分を援用したものである。彼女らによると、行為には外的原因によって行われるものと内的原因によって行われるものがあり、前者の行為のみが自他動詞交替が可能である。外的原因による行為とは、行為者や自然の力、手段・道具など外からの力が加えられて成り立つような行為のことであり、一方内的原因による行為とは、意志や感情、生理的力など行為の担い手の内発的な力の行使によって行われる動作である。外的原因の行為であれば、例えば Ice melted のような自動詞で表される行為を、The boy melted ice のように行為者が外的原因となって引き起こすことができるので、他動詞に交替することができる。外的原因の行為を表す動詞は自他交替ができるが、内的原因の行為を表す動詞は自他交替ができない。
　ナル動詞・スル動詞の区分と外的原因・内的原因の区分は密接に関係しており、概ね、ナル動詞は外的原因による行為、スル動詞は内的原因による行為といえる。それゆえに、これまで見てきたように、ナル動詞は自他の交替が可能であるが、スル動詞はそれが見られない。
　第2章で、flash(光を放つ)、gleam(きらめく)、shine(光る)のような光の放出や、buzz(ブンブンいう)、roar(とどろく)、whistle(口笛を吹く)などのような音の放出を表す動詞は、主語が通常モノであり、スル動詞の1つの特徴である意志や意図が見られないにも拘らず、「放出者」の内的な力に基

づいて動作が生じるので、スル動詞に含められることを見た。これらの内的原因に基づく行為を表す動詞は、自動詞の意味に対応する他動詞用法を持たない。

(28) a. The candlelight gleams.(ロウソクの火がきらめく)
　　 b. *The priest gleams the candlelight.
(29) a. The diamond sparkled.(ダイアモンドがきらりと光った)
　　 b. *The jeweler sparkled the diamond.(宝石細工人がダイアモンドを光らせた)
(30) a. The bees buzzed.(はちがブンブンと唸った)
　　 b. *He buzzed the bees.

これらの放出動詞も、他のスル動詞と同様に、内的原因に基づく行為を表すので、新たに行為者を取り他動詞として用いることができない。放出動詞をスル動詞として分類することは、「スル動詞は自他動詞の交替ができない」というスル動詞の一般性からしても、妥当と言えよう。なお flash(光る)のような動詞は、The light flashed(光が光った)のように自動詞としても He flashed the light(電燈をつけた)のように他動詞としても用いられるが、後者は前者の使役的な意味(光を光らせる)を表しているとは言えない。

✄4　自動詞を持たない他動詞

　他動詞の中でも最も一般的な eat、kick、learn、read、speak、write などは、自動詞のスル動詞と同様に、主語が自分の意志を働かせて、動詞で描かれている行為を行うことにより、その行為が成り立つような内容を表す動詞である。スル動詞の他動詞版と見ることができるかもしれない。

　例えば kick を見てみよう。kick という行為は、主語が蹴るという動作を行うことによって成り立つ行為であり、その動作を行うのは主語の内発的な

意志や意図に基づくものである。またread という行為は、主語が文字を読むという動作を行ってはじめて成り立つ行為であり、それを読むかどうかは主語の意志に掛かっている。こうしたスル動詞の他動詞版では、当然のことながら、**行為の成立に直接的に責任がある主語を明示的に示す必要があり**、それを陰に追いやったり、明示しないままにしておいたりするわけにはいかない。

(31) a. The boy kicked the ball.
　　 b. *The ball kicked.
(32) a. She has read the book.
　　 b. *The book has read.

しかしながら、(31a)を受動文にして、The ball was kicked のように行為者を明示しないでおくこともできる。自動詞文と行為者が明示されていない受動文はどのように違うのだろうか。次の2文を比較してみよう。

(33) a. The vase broke.
　　 b. The vase was broken.

自動詞文(33a)では、花瓶が壊れたという結果が表されている。それが誰かの力によるのか、老朽化や素材のもろさによるのか、原因は問わない。一方受動文(33b)では、誰かの力によるものであるのだが、それが誰であるかは文脈や状況から判断できるか、不特定者であるために、明示されていない。第1章で触れた「項構造」という点からすれば、(33a)の自動詞 break の項構造は、モノだけを取る1項述語である(そのために、(13)では主語の位置が元々空白になっている)。一方(33b)の他動詞 break の項構造は、モノと行為者を取る2項述語であり、受動化によって退陣させられた行為者が「削除」されているものと考えられる。

こうした相違は、下記(33')に見るように、主語を欠いた不定詞節が後続できるかという点から明らかになる。受動文の(b)では削除される前の行為者が「潜在的な」不定詞節の意味上の主語となれるが、自動詞文の(a)では不定詞節の意味上の主語となり得るものが何もない。

(33') a. *The vase broke to obtain the insurance.
　　　b. The vase was broken to obtain the insurance.

(32b)と関連して、This book can read easily(この本は容易に読める)のような自動詞文が可能である。こうした自動詞文は、能動態の形をしながら受動態のような意味を表しているので、能動態と受動態の中間の態、「中間態」と呼ばれており、主語のモノについての一般的な性質や特徴を表している。中間態の自動詞用法と(32a)の他動詞用法は、91頁で触れた自他動詞交替の意味関係(「モノの状態変化」と、そうした変化を引き起こすという関係)にはなっていないので、自他動詞交替の例とは見なせない。

✂5　「手段」を取る構文の自他交替

下記(34)(35)と(36)(37)の文に現れている動詞は、共に、行為者、モノに加えて、行為を行うのに用いられる道具や、器具、資材などを表す「手段」を取ることができる。行為者が明示される場合には、(a)のように、行為者が主語として、手段がwith句としてそれぞれ現れる。一方行為者が明示されない場合には、(b)のように、手段が主語として現れる。行為者や手段を主語とすることが可能であることからすると、(34)(35)と(36)(37)の動詞はどちらも、外からの力が加えられて成り立つような行為を表している(外からの働きかけによる行為を表す動詞では、行為者を明示しないでおくことができる点に注意(本章92頁参照))。Levin and Rappaport Hovav(1995)の用語を用いるならば、外的原因に基づく事態を表している動詞である。と

ころが(34)(35)と(36)(37)の動詞には、(c)に見る通り、自他動詞の交替に関して相違が見られる。外的原因による行為を表す動詞には、自他動詞交替に関してどのような条件が課せられているのであろうか。

(34) a. The thief broke the window with the hammer.
   b. The hammer broke the window.
   c. The window broke.
(35) a. He opened the door with the key.
   b. The key opened the door.
   c. The door opened.
(36) a. The baker cut the bread with the knife.
   b. The knife cut the bread.
   c. *The bread cut.
(37) a. The sculptor carved the wood with the chisel.
   b. The chisel carved the wood.
   c. *The wood carved.

　(34)(35)の break や open の場合には、行使者が自らの手で押したり引いたり、足で蹴飛ばしたり、体で体当たりしたりして、壊したり、開けたりすることができる。ハンマーやカギなどの手段の使用は随意的である。一方(36)(37)の cut や carve の場合には、切ったり削ったりするにはそれに特有な道具や手段(ナイフやノミなど)の使用が不可欠である。(36)(37)の(a)の文から with 句が取り除かれたとしても、依然として、使用される道具や手段の存在が暗に含意されている。道具や手段を使用するにはその使い手、すなわち行為者の存在が不可欠である。そのために、(36)(37)では、(c)のように自動詞用法にして、手段や行為者を明示しない形は非文法的になる。これに対して、(34)(35)では手段が随意的であり、行為者も(b)のように明示しないままにしておくことが許されるので、手段も行為者も明示せずに、

(c)のように自動詞用法にすることが可能なのである。(34)(35)の(c)は、主語が目的語位置から移動したナル動詞にほかならない。

✂6　場所句交替構文の自他交替

　下記(38)(39)の動詞 fill や flood も、(40)(41)の動詞 block や surround も、第4章で見た通り、場所目的語構文のみを取る(すなわち、モノ目的語構文と交替をしない)動詞である。場所が満ち溢れているとか、塞がれている、取り囲まれているという場所の状態を表している。いずれの動詞も、外的原因による行為を表す動詞である。ところが、それぞれの(c)から明らかなように、(38)(39)では自動詞への交替ができるが、(40)(41)では交替ができない。

(38) a.　He filled the glass with wine.
　　 b.　Wine filled the glass.
　　 c.　The glass filled (with wine).
(39) a.　The typhoon flooded the river with the heavy rain.
　　 b.　The heavy rain flooded the river.
　　 c.　The river flooded (with the heavy rain).
(40) a.　The police blocked the path with the rock.
　　 b.　The rock blocked the path.
　　 c.　*The path blocked.
(41) a.　The gardener surrounded the park with tall trees.
　　 b.　Tall trees surrounded the park.
　　 c.　*The park surrounded.

　(40)(41)の動詞は、名詞としても用いられる語(多くは名詞から動詞に転換したもの)である。基本的に、動詞の元になっている名詞で表される物

(「かたまり」や「囲い」)をある場所に置くという意味である。(40)のblockならば「塞ぐ」、(41)のsurroundならば「囲む」のように動詞の意味から置かれる物の意味が希薄になっており、with句は布置される物を具体的に補足する働きを果しているのである。with句には、名詞の意味(「かたまり」や「囲い」)と関連しながら、より具体的、より詳細な物(「岩」や「木々」)が充てられる。with句は、元来動詞の意味として含まれていた布置される物の意味を、より具体的に表す働きをしている。したがって、このような(名詞から転換した)動詞にとってwith句は不可欠な要素であるので、(40)(41)の(a)の文からwith句が取り除かれたとしても、依然として布置される物の存在が含意されている。物を布置するには、それを置く人、すなわち行為者も不可欠である。そのために、(c)のように、布置物および行為者を項として取らない用法(すなわち自動詞用法)は非文法的になる。一方(38)(39)の動詞は、一杯にするとか溢れさせるといった場所の状態を表しており、動詞と関係した名詞(fillであれば「一杯分の量」、floodであれば「洪水」)を置くという意味ではない。それらに続くwith句も、名詞が表す物(「一杯分の量」や「洪水」)を具体的に述べているわけではない。例えば(38)のwith句(with wine)は、「一杯分の量」を、100ccとか200立方センチメートルというように具体的に述べているのではなく、コップという場所を一杯にする材料や物質を述べている。fillやfloodなどは、場所が一杯になる(to become full)ことを表しており、何によって一杯になるかという材料(with句)は随意的である。一杯にする人(行為者)や一杯にする材料(モノ)を明示せずに、(c)のように、一杯になる場所を主語として取る自動詞用法が可能である。なお(38)(39)の自動詞用法(c)の括弧内のようにwith句を随意的に取ることかできるが、このwith句は項ではなく付加部であると考えられる。(38)(39)の動詞では、「場所」だけを項として取る自動詞としての用法が可能である。

次の(42)–(45)に現れている動詞についても第4章で場所句交替との関係で見た。(42)のsplash(まき散らす)は場所句交替ができるが、(43)のpour

(注ぐ)はモノ目的語構文のみしか取れない。だが、(b)に見るように、splashもpourも共に自動詞として用いることができる。これに対して(44)のsmear(塗り付ける)も(45)のrub(こすり付ける)も、(42)のsplashと同様に場所句交替ができるが、(b)から明らかなように、自動詞として用いることができない。自他動詞交替の可能性は場所句交替の可能性とは別問題のようである。

(42) a. The boy splashed mud on the wall.
　　 b. Mud splashed on the wall.
(43) a. The girl poured mud into the tank.
　　 b. Mud poured into the tank.
(44) a. He smeared mud on the wall.
　　 b. *Mud smeared on the wall.
(45) a. She rubbed mud on her chest.
　　 b. *Mud rubbed on her chest.

　場所句交替を許す(42)(44)(45)の動詞は「移動の様態」と「場所の状態」の意味を含んでおり、モノ目的語構文のみを取る(43)の動詞は「移動の様態」の意味のみを含んでいる。どちらも共通して、「移動の様態」を表しているが、自他動詞の交替を許す(42)(43)と、許さない(44)(45)では、様態の関わり方が若干異なるようである。(42)ではモノ(泥)がまき散って移動する、(43)ではモノが勢いよく流れこんでいくという具合に、モノの移動の様態を表している。一方(44)では力を込めて塗り付ける、(45)では力をこめて摩擦させながら擦りこむという具合に、移動を行う人(行為者)の「移動のさせ方」の様態を表している。こうした様態は、前述の(34)–(37)の道具や(38)–(41)の材料(モノ)の場合のように前置詞句などの語句によって明示されていないが、動詞の意味の一部として含まれているのである。動詞の表す様態が、(42)(43)ではモノに関係しているのに対して、(44)(45)では

行為者に関係していると言える。そのために、(42)(43)の自動詞用法(b)では、行為者が姿を潜めているものの、様態が関係する対象(モノ)が主語として顕在しているので、文法的である。一方(44)(45)の自動詞用法(b)では、行為者が現れておらず、様態が関係する対象(行為者)が不在なので非文法的になる。

以上、道具を取る動詞や場所句交替に関係した動詞の例からして、**外的原因による行為を表す動詞でも、道具や材料(モノ)およびそれらを使う行為者の存在が不可欠であるような場合には、それらを潜在化させて自動詞として用いることができない。**この種の他動詞では、自動詞のスル動詞(内的原因による行為を表す自動詞)の場合と同様に、行為の成立に責任がある手段や行為者を主語として明示しなければならないのである。

■ **本章で登場した用語と原語**〈本文に当たり整理しておこう〉
自他動詞交替　Intransitive-transitive alternation
外的原因　external cause
内的原因　internal cause
道具　Instrument
中間態　middle voice

テーマの要点
【テーマ1】
自動詞のウチナル動詞は、他動詞と交替できる。
【テーマ2】
行為者が行為の成立に直接的に責任を負う自動詞(スル動詞)は他動詞に交替できず、そのような他動詞(スル動詞の他動詞)は自動詞に交替することができない。

【テーマ3】
外的原因による行為を表す他動詞でも、手段や材料(モノ)およびそれらを使う行為者の存在が不可欠である場合には、自動詞に交替できない。

《第 6 章　練習問題》

1. 次の括弧の中に適当な語句を入れよ。
（1）　自他動詞交替ができるのは（　　　　）を表す動詞である。
（2）　ナル動詞の中でも（　　　　）は自他動詞交替ができない。
（3）　自動詞の中でも（　　　）は自他動詞交替ができない。
（4）　外的原因、内的原因という用語を用いると、概ね、ナル動詞は（　　　）に当たり、スル動詞は（　　　　）に当たる。
（5）　外的原因の他動詞の中でも（　　　　）であるような他動詞は自他動詞交替ができない。

2. 本文(22)のスル動詞の自動詞のうち、例文(27)のように他動詞として用いることができるのは(22a)の動詞だけである。なぜ(22b)(22c)(22d)の動詞はできないのだろうか。(22a)の動詞と(22b)(22c)(22d)の動詞はどこが違うだろうか。そのヒントとして、(22d)の中の sleep が次のように他動詞として用いられることがあることを参考にせよ。
（1）　My mom knew someone who slept her baby in a dresser drawer (placed on the floor of course).
　　　　（www.workitmom.com/bloggers/workingonmotherhood/2009/.../99/）

3. 動詞 cover、carpet も、(38)–(41)の動詞と同様に、場所目的語構文のみが可能な動詞である。これらの動詞を用いて、a. 行為者が主語、b. モノ（手段）が主語、c. 自動詞用法の例を作れ。文法的である文には○、非文法的である文には×を付けよ。

4. 本文(13)のプロセスは、第 3 章の受動化のプロセス(21)とどのような点が類似しており、どのような点が異なっているだろうか。

5. 次の動詞の(i)意味、(ii)自他動詞交替が可能であるか、について辞書で調べよ。自他動詞交替とは、単に1つの動詞に自動詞用法と他動詞用法があることではなく、関係した意味で自動詞と他動詞の両方で用いられることである点に注意せよ。(iii)交替の可能性について、本文の説明に沿って述べよ。

  daub drip squirt wipe

6. 第1章で触れた、「行為者は主語に、モノは目的語に」という意味役割と文法関係の相関性の原則からすると、(i)(40)(41)の(a)の場所目的語構文はどのようなことが問題になるだろうか。(ii)意味役割と文法関係の相関性の原則に従うとすれば、目的語、with句にどのような意味役割を与えたら良いだろうか。with句については、(34)–(37)のwith句を参考にせよ。

参考文献

　「はしがき」でも述べたように、本書には、多くの研究者による研究の成果が随所に散りばめられている。専門書ではないので、本文中では出典の引用は原則的に控えてあるが、今後の発展的な勉学・研究のために、主だった文献を、簡単な解説と共に数点挙げておく。

Goldberg, Adele (1995) *Constructions: A Construction Grammar Approach to Argument Structure.* Chicago: University of Chicago Press.〈それぞれの構文に特有な構文的意味があると主張する「構文文法」のバイブル。交替構文における意味の違いを知る上で参考になる。〉

Hale, Kenneth and Samuel Jay Keyser (1993) On Argument Structure and the Lexical Expression of Syntactic Structure. In Kenneth Hale and Samuel Jay Keyser (eds.) *The View from Buiilding 20,* 53–109, Cambridge, MA: MIT Press.〈広範な動詞の類について、動詞の意味、項関係、統語構造との関係を、「語彙的関係構造」(Lexical Relational Structure)としてまとめ、それに基づいてさまざまな交替構文の可能性の説明を試みる。〉

Jackendoff, Ray S. (1972) *Semantic Interpretation in Generative Grammar.* Cambridge, MA: MIT Press.〈生成文法による意味論の古典。意味役割を用いて統語現象を説明する試みが見られる。〉

Kuno, Susumu and Ken-ichi Takami (2004) *Functional Constraints in Grammar; On the Unergative-Unaccusative Distinction.* Amsterdam: John Benjamins.〈非対格・非能格の分類が関与すると見なされている There 構文など5つの構文について、「非対格性仮説」に基づく説明を批判的に検討し、機

能統語論の観点から代案を提案する。〉

Levin, Beth (1993) *English Verb Classes and Alternations: A Preliminary Investigation*. Chicago: University of Chicago Press. 〈動詞の意味的分類や構文交替関係を事典風に紹介。各意味グループに属する動詞が網羅的に挙げられている。〉

Levin, Beth and Malka Rappaport Hovav (1995) *Unaccusativity: At the Syntax-Lexical Semantics Interface*. Cambridge, MA: MIT Press. 〈非対格性が関わるさまざまな現象を取り上げ、その有効性を示している。内的使役、外的使役という独自の概念を提案。〉

Levin, Beth and Malka Rappaport Hovav (2005) *Argument Realization*. Cambridge: Cambridge University Press. 〈意味役割と統語範疇の相関性や語順との関係などについて、諸研究の概説と評価と共に、独自の分析や見解が示されている。〉

Perlmutter, David M. (1978) Impersonal Passives and the Unaccusative Hypothesis. *Berkeley Linguistic Society* 4, 157–189. 〈非対格性を初めて本格的に論じた古典的な論文で、英語の自動詞受動文を含めてさまざまな言語の受動態に共通する性質を、関係文法という枠組みで明らかにしている。〉

Pinker, Steven (1989) *Learnability and Cognition: The Acquisition of Argument Structure*. Cambridge, MA: MIT Press. 〈英語の構文の可否を、形式化された概念を用いることなしに、動詞の意味の点から説明することを試みる。〉

INDEX

A–Z

Do 疑似分裂文　27, 44, 48
D 構造　18, 23, 92
-er 名詞　28, 44, 48
There 構文　24

あ

相手　7

い

移送物　78, 82
移動の様態　59, 104
意味役割　2, 82
意味役割と統語範疇の相関性　3
意味役割と文法関係の相関性　4, 19, 52
意味役割の階層　38

う

受け取り手　80

か

外項　5, 23, 28, 41, 51
外項の退陣　41
外的原因　97, 100
格変化　75
活動主　52
含意　64, 84, 101, 103
間接目的語　74

き

旧情報　65

け

経験者　48, 52

こ

項　5
行為者　2, 7, 52
項構造　99
痕跡　46

さ

再帰代名詞　45, 48

し

自他動詞交替　90
主題　3, 7
主題役割　3
出発点　7
述部　4
受動化　36
受動化の階層条件　38
受動化のプロセス　41
受動文　29, 36
状態　3
状態変化　91
情報　78, 82
情報構造　65

情報構造の原則　67
処理しやすさ　66
新情報　65
真性主語　19, 23, 26, 39

す

推意　64, 80, 82
スル動詞　20, 21, 95, 97

た

談話　65

ち

中間態　100
直接目的語　74

て

転換　64, 93, 102

と

統語範疇　3
動作　3
動詞
　位置変化　22, 91
　運動行為　21, 95
　終始変化　22, 91
　状態変化　22, 91
　生理現象　21, 95
　測定値関係　43
　存在変化　22, 91
　対称関係　43
　対称動詞　36
　発話行為　21, 95
　表情行為　21, 95
　放出動詞　21, 30, 97
　容器・中身関係　43
　与格動詞　76

動詞の手　5
同族目的語　25
動体　78, 82
到達点　2, 7, 80

な

内項　5, 23, 49
内的原因　97
内容　7
ナル動詞　21, 22, 91, 97

に

二重目的語構文　74

の

能動文　36

は

場所　7
場所句交替　58, 102, 103
場所の状態　59
場所目的語構文　58, 61

ひ

非対格他動詞　47
非対格動詞　22
非能格動詞　20
表層主語　19, 23, 26, 40, 47, 49, 92
品詞　3

ふ

付加部　6, 49
布置物　103
文型　7
文法関係　4

ほ

補部　4
保有物　78, 82
本来語動詞　76

も

モノ　2, 7
モノ目的語構文　58, 60

よ

与格構文　75

ら

ラテン語系動詞　77, 84

【著者紹介】

中島 平三（なかじま へいぞう）

〈略歴〉1946年東京生まれ。1972年東京都立大学大学院人文科学研究科修士課程修了（文学修士）、1982年米国アリゾナ大学大学院言語学科博士課程修了（Ph.D.）。東京都立大学人文学部教授、学習院大学文学部教授などを経て、現在東京都立大学名誉教授。その間、東京都立大学附属高等学校長、学習院初等科長、MIT客員研究員（フルブライト上級研究員）、ハーバード大学客員研究員、日本英語学会長などを歴任。

〈主な著書・編書・訳書〉『ファンダメンタル英語学　改訂版』(2011、ひつじ書房)、『これからの子どもたちに伝えたい　ことば・学問・科学の考え方』(2015、開拓社)、『島の眺望―補文標識選択と島の制約と受動化』(2016、研究社)、『ことばのおもしろ事典』(編著、2016、朝倉書店)、『斜めからの学校英文法』(2017、開拓社)、『チョムスキーの言語理論―その出発点から最新理論まで』(Neil Smith and Nick Allott 著、共訳、2019、新曜社)、『「育てる」教育から「育つ」教育へ―学校英文法から考える』(2019、大修館書店)など。

ファンダメンタル英語学演習
Fundamental Seminar in English Linguistics
Heizo Nakajima

発行	2011年2月22日　初版1刷
	2023年3月28日　　　4刷
定価	1600円+税
著者	Ⓒ 中島平三
発行者	松本功
装丁者	大崎善治
印刷製本所	三美印刷株式会社
発行所	株式会社 ひつじ書房

〒112-0011 東京都文京区千石2-1-2　大和ビル2F
Tel.03-5319-4916 Fax.03-5319-4917
郵便振替 00120-8-142852
toiawase@hituzi.co.jp　https://www.hituzi.co.jp/

ISBN978-4-89476-519-1

造本には充分注意しておりますが、落丁・乱丁などがございましたら、小社かお買上げ書店にておとりかえいたします。ご意見、ご感想など、小社までお寄せ下されば幸いです。

ファンダメンタルシリーズ

ファンダメンタル英語学　改訂版
中島平三著　定価 1,400 円 + 税

ファンダメンタル英語史
児馬修著　定価 1,500 円 + 税

ファンダメンタル英文法
瀬田幸人著　定価 1,600 円 + 税

ファンダメンタル音声学
今井邦彦著　定価 2,400 円 + 税

ファンダメンタル認知言語学
野村益寛著　定価 1,600 円 + 税

学びのエクササイズシリーズ

学びのエクササイズ認知言語学
谷口一美著　定価 1,200 円＋税

学びのエクササイズことばの科学
加藤重広著　定価 1,200 円＋税

学びのエクササイズ日本語文法
天野みどり著　定価 1,200 円＋税

学びのエクササイズレトリック
森雄一著　定価 1,400 円＋税

学びのエクササイズ文学理論
西田谷洋著　定価 1,400 円＋税

入門　生成言語理論
田中伸一・阿部潤・大室剛志著　定価 2,800 円 + 税

問題を通して学ぶ生成文法
阿部潤著　定価 1,600 円 + 税

ベーシック生成文法
岸本秀樹著　定価 1,600 円 + 税

6.
(1) b.　The woman　　　told　　　the serious issue　　　to her boss.
　　① (　　　　　) (　　　　　) (　　　　　) (　　　　　)
　　② (　　　　　) (　　　　　) (　　　　　) (　　　　　)
　　③ (　　　　　) (　　　　　) (　　　　　) (　　　　　)
　　c.　The woman　　　told　　　her boss　　　about the serious issue.
　　① (　　　　　) (　　　　　) (　　　　　) (　　　　　)
　　② (　　　　　) (　　　　　) (　　　　　) (　　　　　)
　　③ (　　　　　) (　　　　　) (　　　　　) (　　　　　)
（2つの補部は、本文中で述べられている意味役割と範疇の相関性、意味役割と文法関係の相関性に合致しているか）

_____
_____
_____

感想・質問

提出用シート　第1章　　　　　　　　　　　　　　　　　　年　　　月　　　日

学籍番号　　　　　　　　学部・学科　　　　　　　　名前

1.
（1）補部の数は、最少で（　　）個、最多で（　　　）個である。
（2）項の数は、最少で（　　）つ、最多で（　　）つである。
（3）補部の統語範疇は、基本的に（　　　　）と（　　　　）と（　　　　）である。
（4）英語では動詞が（　　　　）の後ろの位置に生じる。
（5）意味役割の「内容」や「相手」は、（　　　　）や（　　　　）の一種であると考えられる。

2.
（1）___本　（2）___本　（3）___本　（4）___本　（5）___本

3.
（1）　The professor　　has studied　　language.
　①（　　　　）（　　　　　）（　　　　）
　②（　　　　）（　　　　　）（　　　　）
　③（　　　　）（　　　　　）（　　　　）
（2）　The balloon　　rose　　into the sky.
　①（　　　　）（　　　　　）（　　　　）
　②（　　　　）（　　　　　）（　　　　）
　③（　　　　）（　　　　　）（　　　　）
（3）　The lady　　rolled　　the cart　　to the exit.
　①（　　　　）（　　　　　）（　　　　　）（　　　　）
　②（　　　　）（　　　　　）（　　　　　）（　　　　）
　③（　　　　）（　　　　　）（　　　　　）（　　　　）

4.
（1）_____
（2）_____
（3）_____
（4）_____
（5）_____

5.
（1）_____
（2）_____
（3）_____
（4）_____
（5）_____
（どのような変化が生じるか）
_____

学籍番号　　　　　　　　学部・学科　　　　　　　　名前

（裏に続く）

提出用シート　第2章　　　　　　　　　　　　　　　　　年　　　月　　　日

学籍番号　　　　　　　学部・学科　　　　　　　名前

1.
（1）一般的に、スル動詞の主語の意味役割は（　　　　　）であるのに対して、ナル動詞のそれは（　　　　　）である。
（2）スル動詞の主語は（　　　　　）主語であるが、ナル動詞のそれは（　　　　　）主語である。
（3）スル動詞は（　　　　　）を持っているが、ナル動詞はそれを欠いている。
（4）ナル動詞は（　　　　　）構文を作れるが、スル動詞はそれを作れない。
（5）ナル動詞の主語は元々（　　　　　）の位置にある。

2.
（1）(i)＿＿＿＿　(ii)＿＿＿＿　(iii)＿＿＿＿
（2）(i)＿＿＿＿　(ii)＿＿＿＿　(iii)＿＿＿＿
（3）(i)＿＿＿＿　(ii)＿＿＿＿　(iii)＿＿＿＿
（4）(i)＿＿＿＿　(ii)＿＿＿＿　(iii)＿＿＿＿
（5）(i)＿＿＿＿　(ii)＿＿＿＿　(iii)＿＿＿＿

3.
（1）＿＿＿＿＿＿＿＿＿＿＿＿＿＿＿＿＿＿＿＿＿＿＿＿＿＿＿
（2）＿＿＿＿＿＿＿＿＿＿＿＿＿＿＿＿＿＿＿＿＿＿＿＿＿＿＿
（3）＿＿＿＿＿＿＿＿＿＿＿＿＿＿＿＿＿＿＿＿＿＿＿＿＿＿＿
（4）＿＿＿＿＿＿＿＿＿＿＿＿＿＿＿＿＿＿＿＿＿＿＿＿＿＿＿
（5）＿＿＿＿＿＿＿＿＿＿＿＿＿＿＿＿＿＿＿＿＿＿＿＿＿＿＿

4.
（1）＿＿＿＿＿＿＿＿＿＿＿＿＿＿＿＿＿＿＿＿＿＿＿＿＿＿＿
（2）＿＿＿＿＿＿＿＿＿＿＿＿＿＿＿＿＿＿＿＿＿＿＿＿＿＿＿
（3）＿＿＿＿＿＿＿＿＿＿＿＿＿＿＿＿＿＿＿＿＿＿＿＿＿＿＿
（4）＿＿＿＿＿＿＿＿＿＿＿＿＿＿＿＿＿＿＿＿＿＿＿＿＿＿＿
（5）＿＿＿＿＿＿＿＿＿＿＿＿＿＿＿＿＿＿＿＿＿＿＿＿＿＿＿

5.　　　　　（非文法的である場合、その理由）
（1）＿＿＿＿　＿＿＿＿＿＿＿＿＿＿＿＿＿＿＿＿＿＿＿＿＿
（2）＿＿＿＿　＿＿＿＿＿＿＿＿＿＿＿＿＿＿＿＿＿＿＿＿＿
（3）＿＿＿＿　＿＿＿＿＿＿＿＿＿＿＿＿＿＿＿＿＿＿＿＿＿
（4）＿＿＿＿　＿＿＿＿＿＿＿＿＿＿＿＿＿＿＿＿＿＿＿＿＿
（5）＿＿＿＿　＿＿＿＿＿＿＿＿＿＿＿＿＿＿＿＿＿＿＿＿＿

学籍番号　　　　　　　学部・学科　　　　　　　名前

（裏に続く）

6.
（1）a. _____
　　　b. _____
（2）a. _____
　　　b. _____
（3）a. _____
　　　b. _____

感想・質問

提出用シート　第３章　　　　　　　　　　　　　　　年　　　月　　　日

学籍番号　　　　　　　　学部・学科　　　　　　　名前

1.
（１）　自動詞のうち、（　　　　　）は受動文を作れるが、（　　　　　）は作れない。
（２）　受動文を作れるのは（　　　　　）を持っている動詞である。
（３）　受動文を作るのには、まず（　　　　　）を退陣させ、空になった主語の位置へ
　　　　（　　　　　　　　　）を移動する。
（４）　resemble などは他動詞だが（　　　　　）を持たない。
（５）　外項の有無を調べるテストとして、（　　　　　　　）、（　　　　　　　　）、
　　　　（　　　　　　　　　）、さらに（　　　　　　　　）がある。

2.　　　　　（非文法的である場合、その理由）
（１）　_____　_____
（２）　_____　_____
（３）　_____　_____
（４）　_____　_____
（５）　_____　_____

3.　　　　　（非文法的である場合、その理由）
（１）　_____　_____
（２）　_____　_____
（３）　_____　_____
（４）　_____　_____
（５）　_____　_____

4.
（１）　主語（　　　　　）　by 句（　　　　　）　説明　可　・　不可　（どちらかに○をつけよ）
（２）　主語（　　　　　）　by 句（　　　　　）　説明　可　・　不可
（３）　主語（　　　　　）　by 句（　　　　　）　説明　可　・　不可
（４）　主語（　　　　　）　by 句（　　　　　）　説明　可　・　不可
（５）　主語（　　　　　）　by 句（　　　　　）　説明　可　・　不可

5.
（１）a.　(i)　_____　Mary _____．
　　　　　　　　　　　（非文法的である場合、その理由）
　　　　　 (ii)　_____　The examination _____．
　　　　　　　　　　　_____

　　　b.　(i)　_____　The examination _____．
　　　　　　　　　　　_____
　　　　　 (ii)　_____　Mary _____．

学籍番号　　　　　　　　学部・学科　　　　　　　名前

（裏に続く）

(2) a. (i) _____ Beth _____ .
　　　　　　　_____

　　　(ii) _____ His campus life _____ .
　　　　　　　_____

　b. (i) _____ His campus life _____ .
　　　　　　　_____

　　　(ii) _____ Beth _____ .
　　　　　　　_____

6.
（イ）動詞のタイプ　_____
　　　能動文　　　　_____
　　　受動文　　　　_____
（ロ）動詞のタイプ　_____
　　　能動文　　　　_____
　　　受動文　　　　_____
（ハ）動詞のタイプ　_____
　　　能動文　　　　_____
　　　受動文　　　　_____

感想・質問

提出用シート　第4章　　　　　　　　　　　　　　　　　　年　　　月　　　日

学籍番号　　　　　　　　学部・学科　　　　　　　　名前

1.
（1）場所句交替ができる動詞には、（　　　　　　　　）と（　　　　　　　　　　）の意味が含まれている。
（2）場所句交替ができる動詞は、（　　　　　　　　）と（　　　　　　　　　）の2つの構文を取ることができる。
（3）モノ目的語構文では（　　　　　　　　）に力点が置かれ、場所目的語構文では（　　　　　　　　）に力点が置かれる。
（4）モノ目的語構文のみしか取れない動詞は、（　　　　　　　　）の意味を含んでいるが、
　　　（　　　　　　　　）の意味が含まれていない。
（5）情報は（　　　　　　　　）から順に配列される。

2.
（1）a.（i）_____（ii）_____
　　　b.（i）_____（ii）_____
（2）a.（i）_____（ii）_____
　　　b.（i）_____（ii）_____

3.　　　　　　（非文法的である場合、その理由）
（1）a. ____ _____
　　　b. ____ _____
（2）a. ____ _____
　　　b. ____ _____
（3）a. ____ _____
　　　b. ____ _____

4.
（1）_____
（2）_____
（3）_____
（4）_____
（5）_____

5.
（1）_____
（2）_____

学籍番号　　　　　　　　学部・学科　　　　　　　　名前

（裏に続く）

6.

感想・質問

6.

提出用シート　第5章　　　　　　　　　　　　　　　年　　　月　　　日

学籍番号　　　　　　　学部・学科　　　　　　　　名前

1.
（1）一般的に、（　　　　　　）の動詞は二重目的語構文を取れるが、（　　　　　　）の動詞は与格構文のみしか取れないという際立った傾向がみられる。
（2）二重目的語構文は共通して（　　　　　　　　）という意味を表している。
（3）二重目的語構文を取る動詞は、受け渡されるモノの種類に基づいて、（　　　　）、（　　　　）、（　　　　）、（　　　　）の4種類に分類される。
（4）これら4種類のうち、与格構文と同じ意味を表すのは（　　　　　）と（　　　　　）であり、（　　　　　）と（　　　　　）では意味が異なる。
（5）意味が異なる2つのグループの場合、二重目的語構文では（　　　　　　　　　　　）という意味を表すのに対して、与格構文では（　　　　　　　　　）という意味を表す。

2.
（8）b. _____
（9）b. _____
（10）b. _____
（11）b. _____

3.
_____
_____
_____
_____

4.
_____
_____

5.
（1）_____
（2）_____

6.
（1）a. _____
　　　b. _____
　　　c. _____
　　　d. _____

提出用シート　第5章

学籍番号　　　　　　　学部・学科　　　　　　　　名前

（裏に続く）

感想・質問

提出用シート　第6章　　　　　　　　　　　　　　　　年　　　月　　　日

学籍番号　　　　　　　学部・学科　　　　　　　名前

1.
（1）自他動詞交替ができるのは（　　　　　）を表す動詞である。
（2）ナル動詞の中でも（　　　　　）は自他動詞交替ができない。
（3）自動詞の中でも（　　　　　）は自他動詞交替ができない。
（4）外的原因、内的原因という用語を用いると、概ね、ナル動詞は（　　　　　　　　　　）に当たり、スル動詞は（　　　　　　　　　　）に当たる。
（5）外的原因の他動詞の中でも（　　　　　　　　　　）であるような他動詞は自他動詞交替ができない。

2.
_____
_____
_____
_____

3.
（1）cover　a. _____
　　　　　　b. _____
　　　　　　c. _____
（2）carpet　a. _____
　　　　　　b. _____
　　　　　　c. _____

4.
_____
_____
_____

5.
daub　(i)_____　(ii)_____　(iii)_____
drip　(i)_____　(ii)_____　(iii)_____
squirt　(i)_____　(ii)_____　(iii)_____
wipe　(i)_____　(ii)_____　(iii)_____

6.
(i) _____
_____
(ii) _____
_____

学籍番号　　　　　　　学部・学科　　　　　　　名前

（裏に続く）

感想・質問